CODE DE LA PRESSE

OU

TABLEAUX ALPHABÉTIQUES

INDICATIFS DE TOUS LES CRIMES, DÉLITS ET CONTRAVENTIONS QUI PEUVENT ÊTRE COMMIS PAR LES VOIES DE PUBLICATION, — DE LA JURIDICTION A LAQUELLE ILS SONT SOUMIS, — DES PEINES QUI LEUR SONT APPLICABLES — ET DES CAS DANS LESQUELS IL EST PERMIS AUX JUGES D'ABAISSER LA PÉNALITÉ EN DÉCLARANT L'EXISTENCE DES CIRCONSTANCES ATTÉNUANTES ; — AVEC DES OBSERVATIONS RÉSUMANT LA DOCTRINE DES AUTEURS ET LA JURISPRUDENCE DES COURS.

OUVRAGE AUQUEL ON A JOINT

DES NOTES GÉNÉRALES

SUR LES [illegible] ADMISES PAR LA LOI, — LES COMPÉTENCES EXCEPTIONNELLES, — LES PROCÉDURES [illegible], — LA PREUVE DES FAITS DIFFAMATOIRES, — LE CUMUL DES PEINES, — LA RÉCIDIVE, — LA PRESCRIPTION.

PAR M. FERDINAND PEGAT,
SUBSTITUT DU PROCUREUR DU ROI A MONTPELLIER.

A PARIS,
Chez DELAMOTTE, Libraire-Éditeur, Place Dauphine, 29, près le Pont-Neuf.
A MONTPELLIER,
Chez Louis CASTEL, Libraire, Grand'Rue, 32

1837

1804

CODE DE LA PRESSE.

CODE

DE LA PRESSE

ou

TABLEAUX ALPHABÉTIQUES

INDICATIFS DE TOUS LES CRIMES, DÉLITS ET CONTRAVENTIONS QUI PEUVENT ÊTRE COMMIS PAR LES VOIES DE PUBLICATION, — DE LA JURIDICTION A LAQUELLE ILS SONT SOUMIS, — DES PEINES QUI LEUR SONT APPLICABLES — ET DES CAS DANS LESQUELS IL EST PERMIS AUX JUGES D'ABAISSER LA PÉNALITÉ EN DÉCLARANT L'EXISTENCE DES CIRCONSTANCES ATTÉNUANTES ; — AVEC DES OBSERVATIONS RÉSUMANT LA DOCTRINE DES AUTEURS ET LA JURISPRUDENCE DES COURS.

OUVRAGE AUQUEL ON A JOINT

DES NOTES GÉNÉRALES

SUR LES IMMUNITÉS ADMISES PAR LA LOI, — LES COMPÉTENCES EXCEPTIONNELLES, — LES PROCÉDURES A SUIVRE, — LA PREUVE DES FAITS DIFFAMATOIRES, — LE CUMUL DES PEINES , — LA RÉCIDIVE, — LA PRESCRIPTION.

PAR **M. Ferdinand PEGAT**,

SUBSTITUT DU PROCUREUR DU ROI A MONTPELLIER.

A PARIS,

Chez DELAMOTTE, Libraire-Éditeur, Place Dauphine, 29, près le Pont-Neuf.

A MONTPELLIER,

Chez Louis CASTEL, Libraire, Grand'Rue, 32.

1837.

De l'Imprimerie de Mᵐᵉ Vᵉ AVIGNON, rue Arc-d'Arènes, 1,
à Montpellier.

AVANT-PROPOS.

Autour de nous on répète chaque jour que les Lois sur la Presse forment un cahos inextricable et que ce serait un ouvrage utile à faire, que d'embrasser toutes ces Lois dans leur ensemble et dans leurs détails les plus intimes, de les classer, et de les rendre intelligibles à tous : ce travail, je l'ai essayé, et pour qu'il fût d'une utilité plus pratique, j'ai choisi la forme la plus simple, la plus vulgaire, celle qui facilite le plus les recherches. Ce n'est pas une œuvre politique ou de théorie que je publie, c'est un ouvrage de droit, un commentaire sur les Lois qui régissent les *Crimes, Délits et Contraventions commis, publiquement, à l'aide de la Parole, de l'Écriture et de la Presse.* En cette matière sans doute, et sur plusieurs points, des améliorations doivent être introduites, mais ces réformes seront nécessairement le fruit du temps ; Sachons attendre, et par l'étude approfondie de la législation actuelle, mettons-nous plus à même de l'harmoniser avec notre Droit Commun.

Juin 1837.

F. P.

ABRÉVIATIONS.

Cod. ou C. d'inst. crim. .... Code d'instruction criminelle.

Cod. ou C. pén. .... Code pénal.

Bull. offic. ou Bull. off. t. 31 , p. 151 .... Bulletin officiel de la Cour de Cassation , partie criminelle , tome 31 , page 151.

Chauv. ou Jurisp. crim. 1831, p. 151 .... Journal de droit criminel , ou Jurisprudence criminelle du Royaume , par Chauveau, année 1831 , page 151.

Sir. ou S. 31-1-151 .... Sirey : Recueil général des lois et arrêts, tome 31 , partie 1 , page 151.

Dall. Jurisp. gén. t. 11. p. 151 .... Dalloz aîné : Jurisprudence générale du royaume , tome 11, page 151.

Dall. ou D. 31-1-151 .... Dalloz aîné : ib. Coll. chronologique, tome 31 , partie 1 , page 151.

A. Dall. dict. v° Presse , n° 151 .... Armand Dalloz : Dictionnaire général de Jurisprudence , verbo Presse numéro 151.

Par. .... Parant : Lois de la Presse en 1834—1836.

Garn. .... Garnier DuBourgneuf et Chanoine : Lois d'instruction et pénales.

Cell. .... Celliez : Code annoté de la Presse en 1835.

Carn. .... Carnot : Commentaire sur le Code pénal.

Bourg. .... Bourguignon : Jurisprudence des Codes criminels.

Legrav. .... Legraverend : Traité de Législation criminelle.

Merl. Rép. ou Q. .... Merlin : Répertoire universel de Jurisprudence ou Questions de droit.

Fav. Rép. .... Favard de Langlade : Répertoire de la nouvelle Législation.

Toull. .... Toullier : Droit civil français.

Ortol. .... Ortolan et Ledeau : Le Ministère public en France.

Rendu. Cod. Univ. .... Rendu : Code Universitaire.

Coff. Tr. de la lib. indiv. .... Coffinières : Traité de la liberté individuelle.

CODE
DE LA PRESSE.

NUMÉRO D'ORDRE.	QUALIFICATION des CRIMES, DÉLITS ET CONTRAVENTIONS.	COMPÉTENCE.	PEINES ENCOURUES.	APPLICABILITÉ de l'art. 463 du Cod. pén, au cas dans lesquels il est permis aux Juges d'abaisser la peine par l'admission des circonstances atténuantes.	OBSERVATIONS.
1.	**A.** **ACTE D'ADHÉSION** fait publiquement à toute autre forme de Gouvernement, soit en attribuant des droits au Trône de France aux personnes bannies à perpétuité par la loi du 10 avril 1832, ou à tout autre qu'à Louis-Philippe et à sa descendance; soit en prenant la qualité de républicain ou tout autre incompatible avec la Charte de 1830; soit en exprimant le vœu, l'espoir ou la menace de la destruction de l'ordre monarchique constitutionnel, ou de la restauration de la dynastie déchue. Article 7 de la loi du 9 septembre 1835.	Cour d'assises. Art. 1 de la loi du 8 oct. 1830; 15 de la loi du 26 mai 1819.	Emprisonnement 3 mois à 5 ans. Amende 500 f. à 6,000 francs. Suppression ou destruction des objets saisis ou à saisir, en tout ou en partie, suivant qu'il y a lieu pour l'effet de la condamnation. Impression et affiche de l'arrêt. (Cette peine est facultative). Publication de l'arrêt dans le Moniteur. Art. 7 et 6 de la loi du 9 sept. 1835; loi du 29 nov. 1830; art. 26 de la loi du 26 mai 1819. Si le délit a été commis par la voie d'un journal ou écrit périodique, l'amende sera de 600 à 12,000 f. Art. 12 de la loi du 9 sept. 1835; 10 de la loi du 9 juin 1819; 14 de la loi du 18 juillet 1828.	Art. 463 non applicable. Vid. cet art.	1. Les personnes bannies à perpétuité par la loi du 10 avril 1832, sont : 1° *Charles X*, ses descendants, les époux et épouses de ses descendants ; 2° les ascendants et descendants de *Napoléon*, ses oncles et tantes, ses neveux et nièces, ses frères, leurs femmes et descendants, ses sœurs et leurs maris. 2. Déjà, et en 1831, la Cour de cassation avait jugé que la manifestation, par la voie de la presse, d'un vœu et d'une annonce prophétique, contraires à l'ordre de successibilité au trône, était une attaque prévue et punie par la loi du 29 novembre 1830. Arrêt du 5 août 1831. Dalloz, 31-1-291. Sirey, 32-1-103.
2.	**AFFICHAGE** ou **PLACARDAGE** dans les rues, places et autres lieux publics, d'écrits, soit à la main, soit imprimés, gravés ou lithographiés, contenant des nouvelles politiques ou traitant d'objets politiques. Art. 1 de la loi du 10 décembre 1830.	Cour d'assises. Art. 6 de la loi du 10 déc. 1830.	Emprisonnement 6 jours à 1 mois. Ensemble ou séparément, Amende 25 à 500 f. Art. 5. de la loi du 10 décembre 1830.	Art. 463 applicable. Art. 8 de la loi du 10 déc. 1830.	1. Sont exceptés de la disposition de la loi, les actes de l'autorité publique. Art. 1 § 2 de la loi du 10 décembre 1830. 2. La peine est encourue sans préjudice de celles qui pourraient être prononcées par suite des crimes et délits résultant de la publication. Art. 5 de la loi du 10 décembre 1830. 3. La loi du 10 déc. 1830, n'étant applicable qu'aux matières politiques, ne fait nul obstacle à ce que l'on puisse afficher des annonces relatives aux arts, sciences, agriculture, commerce, etc. Discussion de la loi à la Chambre des Députés, séance du 3 décembre 1830. Parant, lois de la presse, p. 187. Celliez, code annoté de la presse, p. 73. 4. En dehors des dispositions de la loi du 10 décem., un Maire peut prendre un arrêté pour défendre toutes affiches sans son autorisation. Cour de cass., 25 mars 1830, Bulletin of-

NUMÉRO D'ORDRE.	QUALIFICATION des CRIMES, DÉLITS ET CONTRAVENTIONS.	COMPÉTENCE.	PEINES ENCOURUES.	APPLICABILITÉ de l'art. 463 du Cod. pén. ou cas dans lesquels il est permis aux Juges d'abaisser la peine par l'admission des circonstances atténuantes.	OBSERVATIONS.
					ficiel de la Cour de cass., t. 35, p. 169. Cass. 3 janv. 1834. Journal du Palais, t. 2 de 1834, p. 180. (Dans cette espèce il s'agissait d'un arrêté prohibant les affiches de spectacle). Cass. 13 février 1834. Pal., t. 2 de 1834, p. 582. Dall. 34-1-171. 5. La prohibition contenue en l'art. 1 de la loi du 10 déc. 1830 s'appliquerait incontestablement à l'affiche de toute annonce de livre ou brochure, qui contiendrait quelque extrait ayant rapport à la politique. Discuss. à la Chambre des Pairs. A. Dalloz, dictionnaire, v° Affiche, n° 6.
3.	AFFICHES des particuliers imprimées sur papier blanc ordinaire au lieu de l'être sur papier de couleur. — Décret des 22-28 juillet 1791; Art. 65 de la loi du 28 avril 1816.	Tribunal civil. — Art. 76 de la loi du 28 avril 1816; 65 de la loi du 22 frimaire an 7; 17 de la loi du du 27 ventôse an 9.	Amende 20 f. contre l'imprimeur. — Art. 17 de la loi du 25 mars 1817 maintenu par les lois postérieures sur les finances; art 10 de la loi du 16 juin 1824.	Art. 463 non applicable. — Vid. art.	1. Le papier blanc est réservé pour les affiches des actes de l'autorité publique. Décret des 22-28 juillet 1791. 2. Les avis et autres annonces de quelque nature et espèce qu'ils soient, assujettis au timbre par la loi du 6 frimaire an 7, et qui ne sont pas destinés à être affichés, pourront être imprimés sur papier blanc. Art. 66 de la loi du 28 avril 1816. Vid. ci-après au mot Timbre, n° 103. 3. Sous l'empire des lois des 10 et 18-22 mai 1791, les affiches des particuliers ne pourraient, sous peine d'une amende de 100 f., être apposées dans les lieux désignés par les Officiers municipaux pour être exclusivement destinés à recevoir les affiches des lois et actes de l'autorité publique. — Les affiches ne pouvaient être faites par un citoyen, ou une réunion de citoyens, sous le titre d'*arrêté*, de *délibération*, ou sous toute autre forme obligatoire ou impérative. — Elles ne pouvaient être faites sous un nom collectif, et tous les citoyens qui y avaient coopéré étaient tenus de les signer. — La contravention à ces deux dernières dispositions était punie d'une amende de 100 f., qui ne pouvait être modérée et dont la condamnation était prononcée par voie de police.
4.	AFFICHEUR, Exercice, même temporaire, de la profession d'afficheur, sur la voie publique, d'écrits, imprimés, lithographiés, gravés, ou à la main, avant d'en avoir fait la déclaration devant l'autorité municipale et d'avoir indiqué son domicile. — Art. 2 de la loi du 10 décembre 1830.	Tribunal correctionl. — Art. 7 de la loi du 10 déc. 1830.	Emprisonnement 6 jours à 1 mois. Ensemble ou séparément, Amende de 25 f. à 200 f. — Art. 7 de la loi du 10 déc. 1830.	Art. 463 applicable. — Art. 8 de la loi du 10 déc. 1830.	Voir note 4 au mot Provocation, n° 81. 1. L'art. 2 de la loi du 10 décembre 1830 parlait aussi des crieurs, vendeurs ou distributeurs, mais, en ce qui concerne ces professions, cet article a été abrogé par la loi du 16 février 1834. Voir ci-après au n° 25. 2. La déclaration exigée par la loi doit être renouvelée toutes les fois que l'afficheur change de domicile. Art. 2 § 2 de la loi du 10 décembre 1830. 3. Il faut pour qu'on puisse voir l'existence d'une profession qu'il y ait, de la part de celui qui agit, volonté de se créer une industrie et des actes répétés dans l'intérêt des tiers. A. Dalloz, dictionnaire, v° Affiche, n° 19. Duvergier, t. 30, pag. 449 Vid. au mot Crieur, art. 25, note 5.

NUMÉRO D'ORDRE.	QUALIFICATION des CRIMES, DÉLITS ET CONTRAVENTIONS.	CONFÉRENCE.	PEINES ENCOURUES.	APPLICABILITÉ de l'art. 463 du Cod. pén. ou cas dans lesquels il est permis aux juges d'abaisser la peine par l'admission des circonstances atténuantes.	OBSERVATIONS.
5.	**APOLOGIE**, par l'un des moyens énoncés en l'art 1 de la loi du 17 mai 1819, de faits qualifiés crimes et délits par la loi pénale. Art 8 § 1 de la loi du 9 septem. 1835; 1 de la loi du 17 mai 1819.	Cour d'assises. Art 1 de la loi du 8 oct. 1830; 13 de la loi du 26 mai 1819.	Emprisonnement 1 mois à 2 ans, Amende 16 f. à 1,000 f. Suppression ou destruction des objets saisis ou à saisir, en tout ou en partie, suivant qu'il y a lieu pour l'effet de la condamnation. Impression et affiche de l'arrêt (facultativement). Publication de l'arrêt dans le Moniteur. Art 8 § 1 de la loi du 9 sept. 1835; 8 de la loi du 17 mai 1819; 26 de la loi du 26 mai 1819. Si le délit a été commis par la voie du journal ou écrit périodique, l'amende sera de 32 f. à 2,000 f. Art 12 de la loi du 9 sept. 1835; 10 de la loi du 9 juin 1819; 14 de la loi du 18 juillet 1828.	Art. 463 non applicable Vid. cet art.	
6.	**ATTAQUE**, par l'un des moyens énoncés en l'art. 1 de la loi du 17 mai 1819, contre la dignité royale, l'ordre de successibilité au trône, les droits que le Roi tient du vœu de la nation française, exprimé dans la déclaration du 7 août 1830, et de la Charte constitutionnelle par lui acceptée et jurée dans la séance du 9 août de la même année, son autorité constitutionnelle, l'inviolabilité de sa personne, les droits et l'autorité des Chambres. Art 1 de la loi du 29 novembre 1830; 1 de la loi du 17 mai 1819.	Cour d'assises. Art 1 de la loi du 8 oct. 1830; 13 de la loi du 26 mai 1819; Cassation 31 mars 1832. Jurisp. crim. 1832, p. 83. D. 32-1-365.	Emprisonnement 3 mois à 5 ans, Amende 300 f. à 6,000 f. Suppression ou destruction des objets saisis ou à saisir, en tout ou en partie, suivant qu'il y a lieu pour l'effet de la condamnation. Impression et affiche de l'arrêt (facultativement). Publication de l'arrêt dans le Moniteur. Art 1 de la loi du 29 nov. 1830; 6 de la loi du 9 sept. 1835; 26 de la loi du 26 mai 1819. Si le délit a été commis par la voie d'un journal ou écrit périodique, l'amende sera de 600 f. à 12,000 f. Art 12 de la loi du 9 sept. 1835; 10 de la loi du 9 juin 1819; 14 de la loi du 18 juillet 1828.	Art. 463 non applicable. Vid. cet art. 463; et un arrêt de Cass. du 11 août 1832. Pal. t. 3 de 1832, p. 364. Jurisp. crim. 1832, p. 228.	Voir note 2 à l'art. Acte d'adhésion, n° 1. 1. L'attaque publique contre l'inviolabilité du Roi, son autorité constitutionnelle ou celle des Chambres, ou l'ordre de successibilité au trône, était réputée *provocation au crime* et punie, outre l'emprisonnement de 3 mois à 5 ans, d'une amende de 50 f. à 6,000 f. par la loi du 17 mai 1819, art 4 et 5. — L'art. 2 de la loi du 25 mars 1822 fit de cette attaque un délit particulier, la formula d'une manière plus large, et fixa le minimum de l'amende à 300 f. — La loi du 29 novembre 1830 a conservé la qualification et la pénalité en changeant les expressions qui n'étaient plus en harmonie avec les principes que la révolution de juillet avait consacrés. — Enfin la loi du 9 septembre 1835 a distingué : lorsque l'attaque a pour but d'exciter à la destruction ou au changement du Gouvernement, elle est qualifiée *d'attentat à la sûreté de l'état*. (V. ci-après n° 9) ; lorsque l'attaque n'a point le but ci-dessus indiqué, elle continue à être punie par la loi du 29 novembre 1830. Cass. 18 août 1836, Jurisp. crim. 1836, p. 225. 2. Le prévenu cité à raison du crime prévu par l'art. 5 de la loi du 9 sept. 1835 (V. ci-après n° 9) peut, alors que la circonstance aggravante prévue par cet article est écartée par le jury, être condamné en vertu de l'art. 1 de la loi du 29 novembre 1830, sans qu'il puisse alléguer qu'il s'agit d'un délit nouveau, non qualifié dans le réquisitoire, Cass. 18 août 1836. Jurisp. crim. 1836, p. 225. 3. Le délit d'attaque puni par la loi du 29 novembre 1830 (et par l'art. 6 de la loi du 9 sept. 1835) ne peut être confondu avec

NUMÉRO D'ORDRE.	QUALIFICATION des CRIMES, DÉLITS ET CONTRAVENTIONS.	COMPÉTENCE.	PEINES ENCOURUES.	APPLICABILITÉ de l'art. 463 du Code. pén. ou cas dans lesquels il est permis aux Juges d'abaisser la peine par l'admission des circonstances atténuantes.	OBSERVATIONS.
					celui d'offense au Roi dont parle l'art. 9 de la loi du 17 mai 1819 (et l'art. 86 du c. p.). Discuss. de la loi du 25 mars à la Cham. des Députés, séance du 26 janv. 1822. Par., p. 131. Cass. 4 mars 1831. Dall., p. 31-1-131. Pal., t. 3 de 1831, p. 94. Cour d'ass. du Rhône, 18 juin 1832. Pal., t. 2 de 1833, p. 52. Dall. 33-2-189. [V. ci-dessous l'art. 66].

4. Les moyens énoncés en l'art. 1 de la loi du 17 mai 1819, sont : les *discours*, les *cris* ou *menaces proférés dans des lieux ou réunions publics*, les *écrits*, les *imprimés*, les *dessins*, les *gravures*, les *peintures* ou *emblèmes vendus ou distribués*, *mis en vente* ou *exposés dans des lieux ou réunions publics*, les *placards et affiches exposés aux regards du public*.

5. La loi de 1819 parle des discours, cris et menaces *proférés* et non pas seulement *tenus*. Il faut donc que l'intention criminelle et répréhensible se soit révélée par sa publicité même. V. discuss. à la Ch. des Députés, séance du 15 avril 1819. Cass. 11 juin 1831. Jurisp. crim. 1831, p. 193. Dall. 31-1-227. S. 31-1-234. Cellier, p. 30.

6. Il ne suffit pas en matière de presse qu'un arrêt déclare un délit public, il est nécessaire qu'il constate que cette publicité a eu lieu par l'un des moyens énoncés en l'art. 1 de la loi du 17 mai 1819. Cass. 18 juillet 1828. Dall. 28-1-337. Bordeaux, 2 mai 1833. Jurisp. crim. 1833, p. 281. Dall. 33-2-179. Cass. 7 mars 1823. Bul. off. t. 28, p. 90. V. Bourguignon, t. 3, p. 361 et suiv. ; V. la note précédente et la note 5 de l'art. 31.

7. Il n'entre pas dans le cadre que nous nous sommes tracé de rapporter les différents cas dans lesquels les Tribunaux ont décidé en fait qu'il y avait publicité suffisante. Nous ferons seulement remarquer qu'il y a deux sortes de publicité :

1° Celle du *lieu*, s'il est ouvert à tous. Cass. 2 juillet 1812. Pal., t. 13, p. 626. Dall. 2-932 n° 5. S. 14-1-65. Cass. 26 mars 1813. Dall. 13-1-272. S. 13-1-105. Argum. de Cass. 23 mars 1813. Pal., t. 14, p. 357. Parant, p. 68-70. Garnier, p. 1361 ; Même avec des conditions d'admissibilité. Cass. 12 février 1825. Dall. 25-1-216. S. 26-1-332. Cellier, p. 31. Parant ib. Garnier ib. La Cour de Cassation a cependant décidé par l'arrêt ci-dessus rapporté, du 11 juin 1831, que la publicité ne résultait pas seulement du lieu, ce lieu pouvant se trouver désert. Par un autre arrêt du 4 août 1832, Dall. 33-1-347, Pal., t. 1 de 1831, p. 134, la même Cour a confirmé un jugement du Tribunal de Poitiers qui avait adopté cette dernière jurisprudence.

2° Celle de la *réunion même dans un lieu non public, d'un certain nombre de personnes*. Parant, p. 70. Garnier, p. 1361. Cass. 26 janv. 1826. Pal. t. 3 de 1826, p. 28. Dall. 26-1-209. Il est à observer, quant à cette deuxième espèce de publicité, que les Tribunaux en déclarant public, aux termes de l'art. 1 de la loi du 17 mai 1819, un délit qui n'a pas été commis dans un *lieu public*, décident implicitement qu'il l'a été dans une *réunion publique*. Arrêt ci-dessus du 26 janv. 1826 ; Et que, pour absoudre un prévenu sur le fondement du défaut de publicité, il faut que les juges déclarent non-seulement que le délit *n'a pas*

NUMÉRO D'ORDRE.	QUALIFICATION des CRIMES, DÉLITS ET CONTRAVENTIONS.	COMPÉTENCE.	PEINES ENCOURUES.	APPLICABILITÉ de l'art. 463 du Cod. pén. ou cas dans lesquels il est permis aux Juges d'abaisser la peine par l'admission des circonstances atténuantes.	OBSERVATIONS.
					été commis dans un lieu public, mais encore qu'il ne l'a pas été dans une réunion publique. Cass. 10 janvier 1824. Pal. t. 2 de 1824, p. 565. Dall. 24-1-191. S. 24-1-212. Nous ferons aussi remarquer qu'il n'appartient pas aux Tribunaux de statuer souverainement sur les questions de publicité, et que la Cour de cass. a le droit d'examiner le bien jugé. Cass. 20 sept. 1832. Dall. 33-1-15. A. Dall. dict., v° Presse, nos 299 et 110. — V. *Contrà* les motifs de l'arrêt ci-dessus cité, du 1 août 1832. 8. Les droits et prérogatives de la défense ne vont pas jusques-là qu'un prévenu puisse publier dans les journaux l'interrogatoire qu'il a subi devant le juge d'instruction, dans lequel se trouve le délit d'attaque envers les droits du Roi: un tel délit a pu être poursuivi et puni par la Cour d'assises. Cass. 19 mai 1832. Dall. 32-1-350. 9. Jugé de même que le prévenu commet un nouveau délit quand il renouvelle ses attaques à l'audience. Cour d'ass. du Rhône, 18 juin 1832. Pal. t. 2 de 1833, p. 52. Dall. 32-2-189 — Dans ce cas, la Cour d'ass. doit juger sans l'assistance de jurés. Même arrêt de la Cour d'ass. du Rhône, du 18 juin 1832. Cass. 27 fév. 1832. Jurisp. crim. 1832, p. 52. Pal. t. 1 de 1832, p. 561. Dall. 32-1-93. Vid. au mot Compte-rendu, note 18. 10. Le rédacteur d'un journal poursuivi à raison d'un article contenant un délit d'attaque contre la dignité royale, etc., ne peut se faire une excuse de ce que cet article aurait été extrait d'un autre journal non poursuivi. Cass. 21 oct. 1831. Jurisp. crim. 1831, p. 349. S. 31-1-385. Bull. off. t. 36, p. 460. V. note 1 de l'art. 39.
7.	**ATTAQUE**, par l'un des moyens énoncés en l'art. 1 de la loi du 17 mai 1819, des droits garantis par les art⁵ 5 et 9 (aujourd'hui 5 et 8) de la Charte constitutionnelle. Art⁵ 3 de la loi du 25 mars 1832; 1 de la loi du 17 mai 1819; 5 et 8 de la Charte constitutionnelle.	Cour d'assises. Art⁵ 1 de la loi du 8 oct. 1830; 13 de la loi du 26 mai 1819.	Emprisonnement 3 mois à 4 ans. Amende 100 f. à 4,000 f. Suppression ou destruction des objets saisis ou à saisir, en tout ou en partie, suivant qu'il y a lieu pour l'effet de la condamnation. Impression et affiche de l'arrêt (facultativement). Publication de l'arrêt dans le Moniteur. Art⁵ 3 de la loi du 25 mars 1822; 26 de la loi du 26 mai 1819. Si le délit a été commis par la voie d'un journal en écrit périodique, l'amende sera de 200 f. à 8,000 f. Art⁵ 10 de la loi du 9 juin 1819; 14 de la loi du 18 juillet 1828.	Art. 463 non applicable. Argument de l'art. 14 de la loi du 25 mars 1822.	1. Les droits dont parlent les art⁵ 5 et 8 de la Charte constitutionnelle, sont: Liberté pour la religion de chacun, Protection pour son culte et Inviolabilité pour ses propriétés. 2. L'art. 3 de la loi du 25 mars 1822 a abrogé l'art. 5 § 4 de la loi du 17 mai 1819; l'attaque dont il est ici question n'est plus une simple provocation au délit, mais elle constitue un délit spécial.

NUMÉRO D'ORDRE.	QUALIFICATION des CRIMES, DÉLITS ET CONTRAVENTIONS.	COMPÉTENCE.	PEINES ENCOURUES.	APPLICABILITÉ de l'art. 463 du Cod. pén. ou cas dans lesquels il est permis aux Juges d'abaisser la peine par l'admission des circonstances atténuantes.	OBSERVATIONS.
8.	**ATTAQUE**, par l'un des moyens énoncés en l'art. 1 de la loi du 17 mai 1819, contre la propriété, le serment, le respect dus aux lois. Art. 8 § 1 de la loi du 9 sept. 1835; 1 de la loi du 17 mai 1819.	Cour d'assises. Art. 1 de la loi du 8 oct. 1830; 13 de la loi du 26 mai 1819.	Emprisonnement 1 mois à 2 ans. Amende 16 f. à 1,000 f. Suppression ou destruction des objets saisis ou à saisir, en tout ou en partie, suivant qu'il y a lieu pour l'effet de la condamnation. Impression et affiche de l'arrêt (facultativement). Publication de l'arrêt dans le Moniteur. Art. 8 §§ 1 et 2 de la loi du 9 sept. 1835; 8 de la loi du 17 mai 1819; 26 de la loi du 26 mai 1819. Si le délit a été commis par la voie d'un journal ou écrit périodique, l'amende sera du 32 f. à 2,000 f. Art. 12 de la loi du 9 sept. 1835; 10 de la loi du 9 juin 1819; 14 de la loi du 18 juillet 1828.	Art. 463, non applicable. V. cet art.	1. On a fait observer avec raison à la Chambre des Pairs, que le rédacteur de l'art. 8 de la loi du 9 septembre avait voulu parler de l'*Attaque contre le droit de propriété*, malgré qu'il eut employé les expressions, *Attaque contre la propriété* : l'attaque contre la propriété ne serait pas un délit de la presse. Cette observation fut consignée au procès-verbal. Moniteur du 9 septembre 1835. 2. Le juge comprend très bien, disait M. Salvandy, à la Ch. des Députés (Moniteur du 28 août 1835), que l'attaque n'est pas la discussion ; que la discussion reste permise, que l'attaque est seule prohibée. Le caractère de l'attaque est de provoquer à la violence : la discussion persuade, l'attaque provoque ; la discussion parle à la conscience, l'attaque aux passions, et elle entend que la force lui réponde.
9.	**ATTENTAT A LA SÛRETÉ DE L'ÉTAT.** Sont qualifiées attentat à la sûreté de l'état : 1° **L'ATTAQUE**, par l'un des moyens énoncés en l'art. 1 de la loi du 17 mai 1819, contre le principe ou la forme du Gouvernement établi par la Charte de 1830, tels qu'ils sont définis par la loi du 29 nov. 1830, lorsqu'elle a pour but d'exciter à la destruction ou au changement du Gouvernement. Art. 5 § 1 de la loi du 9 sept. 1835; 1 de la loi du 29 nov. 1830; Charte constitutionnelle.	Cour d'assises. Art. 1 de la loi du 8 oct. 1830; 13 de la loi du 26 mai 1819, 231 du cod. d'inst. crim. A moins que le fait ne soit déféré à la Chamb. des Pairs. Art. 5 § 2, 1 § 4 de la loi du 9 sept. 1835; 28 de la Ch. const.	Détention 5 à 20 ans. Amende 10,000 f. à 50,000 f. Suppression ou destruction des objets saisis ou à saisir, en tout ou en partie, suivant qu'il y a lieu pour l'effet de la condamnation. Impression et affiche de l'arrêt (facultativement). Publication de l'arrêt dans le Moniteur. Art. 5 § 2, 1 § 3 de la loi du 9 sept. 1835; 20, 28, 34, 29, 36 et 47 du cod. pén.; 26 de la loi du 26 mai 1819. Si le crime a été commis par la voie d'un journal ou écrit périodique, l'amende sera de 20,000 f. à 100,000 f. Art. 12 de la loi du 9 sept. 1835; 10 de la loi du 9 juin 1819; 11 de la loi du 18 juillet 1828.	Art. 463 applicable. V. Discuss. à la Chamb. des Députés, séance du 29 août 1835.	1. Sur cette qualification d'Attentat à la sûreté de l'état et sur l'attribution de juridiction donnée facultativement à la Ch. des Pairs, V. les nombreux discours insérés au Moniteur. 2. Lorsque l'attaque n'a pas pour but d'exciter à la destruction ou au changement du Gouvernement, elle n'est plus qualifiée Attentat à la sûreté de l'état et elle constitue le délit spécial dont nous avons parlé ci-dessus, n° 6.

NUMÉRO D'ORDRE.	QUALIFICATION des CRIMES, DÉLITS ET CONTRAVENTIONS.	COMPÉTENCE.	PEINES ENCOURUES.	APPLICABILITÉ de l'art. 463 du Cod. pén. ou cas dans lesquels il est permis aux juges d'abaisser la peine par l'admission des circonstances atténuantes.	OBSERVATIONS.
10.	2° L'OFFENSE au Roi, commise par l'un des moyens énoncés en l'art. 1 de la loi du 17 mai 1819, lorsqu'elle a pour but d'exciter à la haine ou au mépris de sa personne ou de son autorité constitutionnelle. Art° 2 § 1 de la loi du 9 sept. 1835; 1 de la loi du 17 mai 1819.	Cour d'assises Art° 1 de la loi du 8 oct. 1830; 13 de la loi du 26 mai 1819; 231 c. d'inst. crim. A moins que le fait ne soit déféré à la Chamb. des Pairs. Art° 5 § 2, 1 § 4 de la loi du 9 sept. 1835; 28 de la Ch. const.	Détention de 5 à 20 ans. Amende 10,000 à 50,000 f. Suppression ou destruction des objets saisis ou à saisir, en tout ou en partie, suivant qu'il y a lieu pour l'effet de la condamnation. Impression et affiche de l'arrêt (facultativement). Publication du jugement ou arrêt dans le Moniteur. Art° 2 § 2, 1 § 3 de la loi du 9 sept. 1835; 20, 28, 34, 29, 36 et 47 du cod. pén.; 26 de la loi du 26 mai 1819. Si le crime a été commis par la voie d'un journal ou écrit périodique, l'amende sera de 20,000 f. à 100,000 f. Art° 12 de la loi du 9 sept. 1835; 10 de la loi du 9 juin 1819; 14 de la loi du 18 juillet 1828.	Art. 463 applicable. V. Discuss. à la Chamb. des députés, séance du 29 août 1835.	Si l'offense au Roi n'a pas pour but d'exciter à la haine ou au mépris de la personne du Roi, ou de son autorité constitutionnelle, elle n'est plus qualifiée Attentat à la sûreté de l'état, et elle rentre dans l'application de l'art. 9 de la loi du 17 mai 1819. V. ci-après 1re Offense, n° 66.
11.	3° LA PROVOCATION, par l'un des moyens énoncés en l'art. 1 de la loi du 17 mai 1819, aux crimes prévus par les articles 86 et 87 du cod. pén., soit qu'elle ait été ou non suivie d'effet. Art° 1 § 1 de la loi du 9 sept. 1835; 1 de la loi du 17 mai 1819; 86 et 87 cod. pén.	Cour d'assises. Art° 1 de la loi du 8 oct. 1830; 13 de la loi du 26 mai 1819; 231 du cod. d'inst. crim. A moins que le fait ne soit déféré à la Chamb. des Pairs. Art° 1 § 4 de la loi du 9 sept. 1835; 28 de la Ch. const.	Si la provocation a été suivie d'effet, le provocateur sera réputé complice et puni de la même peine que l'auteur. Art° 1 § 2 de la loi du 9 sept. 1835; 1 de la loi du 17 mai 1819; 59, 86 et 87 du cod. pén. Si la provocation n'a pas été suivie d'effet, Détention 5 à 20 ans, Amende 10,000 à 50,000 f. Suppression ou destruction des objets saisis ou à saisir, en tout ou en partie, suivant qu'il y a lieu pour l'effet de la condamnation. Impression et affiche de l'arrêt (facultativement). Publication de l'arrêt dans le Moniteur. Art° 1 § 3 de la loi du 9 sept. 1835; 20, 28, 34, 29, 36 et 47 du cod. pén.; 26 de la loi du 26 mai 1819.	Art. 463 applicable. V. Discuss. à la Chamb. des députés séance du 29 août 1835.	1. Les crimes dont parle l'art. 1 de la loi du 9 sept. 1835, et que prévoient les art° 86 et 87 du code pén. sont : 1° l'attentat contre la vie ou contre la personne du Roi; 2° l'attentat contre la vie ou contre la personne des membres de la famille royale; 3° l'attentat dont le but serait, soit de détruire ou soit de changer le Gouvernement ou l'ordre de successibilité au trône, soit d'exciter les citoyens ou les habitans à s'armer contre l'autorité royale. — Quant à l'Offense au Roi, Vid. les art° 10 et 66. 2. Quelques principes doivent être posés en matière de provocation. D'après le cod. pén. ordinaire (art. 60 confirmé en thèse par la disposition de l'art. 1 de la loi du 17 mai 1819), il faut pour être réputé *complice par provocation*, d'une *action qualifiée crime ou délit*, *avoir provoqué par dons, menaces, abus d'autorité ou de pouvoir, machinations ou artifices coupables, ou donné des instructions pour la commettre*; et il est constant en droit criminel, qu'aucune peine ne peut être appliquée à l'accusé ou au prévenu de complicité qu'autant qu'ils sont reconnus être spécialement dans l'un des cas énoncés en cet art. 60. — En fait de presse ou d'autre moyen de publication au contraire, il n'est pas nécessaire d'avoir employé des dons et promesses, etc.; il suffit pour être réputé complice par provocation d'une action qualifiée crime ou délit, d'avoir provoqué par des *discours*, des *cris*, des *imprimés*, des *gravures*, etc. (V. art. 1 de la loi du 17

NUMÉRO D'ORDRE.	QUALIFICATION des CRIMES, DÉLITS ET CONTRAVENTIONS.	COMPÉTENCE.	PEINES ENCOURUES.	APPLICABILITÉ de l'art. 463 du Code pén., ou cas dans lesquels il est permis aux Juges d'abaisser le peine par l'admission des circonstances atténuantes.	OBSERVATIONS.
			Si le crime a été commis par la voie d'un journal ou écrit périodique, l'amende sera 20,000 à 100,000 f. Art. 12 de la loi du 9 sept. 1835; 10 de la loi du 9 juin 1819; 14 de la loi du 18 juil. 1828.		mai 1819). — Ce sont là deux règles générales d'une application usuelle. — Au premier abord, les deux premiers paragraphes de l'art. 1 de la loi du 9 sept. 1835 paraissent faire spécialement à la provocation aux crimes prévus par les art. 86 et 87 du code pénal l'application de la deuxième règle générale ci-dessus posée, et on serait tenté de penser que cette disposition était inutile, puisque la provocation aux crimes prévus par les articles 86 et 87 rentrait, comme la provocation aux autres crimes, dans la disposition générale de l'art. 1 de la loi du 17 mai 1819; mais il n'en est point ainsi : par la loi du 9 sept. 1835 le législateur a fait de la provocation aux crimes énumérés dans les art. 86 et 87 du cod. pén., non plus une simple *provocation par complicité*, mais un crime spécial qu'il a qualifié *Attentat à la sûreté de l'état*, et qu'il a puni de la peine portée en l'art. 1 de la loi du 17 mai : cette peine à la vérité n'est autre que celle qui est établie pour la complicité, mais c'est à titre de répression spéciale d'un crime nouveau qu'elle doit être prononcée. Il est du reste inutile de faire observer que cette disposition de la loi du 9 sept. 1835 ne change rien, pour les cas dont elle ne parle point, à la règle tracée par l'art. 1 de la loi du 17 mai 1819, laquelle continue de recevoir son application dans toutes les provocations aux crimes et délits, autres que les crimes prévus par les art. 86 et 87 du c. pén. (Vid. v° Provocation, n° 81). 3 Lorsque les provocations par la voie de la presse ou par tout autre moyen de publication à des actions qualifiées crimes ou délits ne *sont pas suivies d'effet*, elles constituent des crimes ou délits spéciaux dont la pénalité est édictée dans les différents articles que nous rapportons en leur lieu. (V. aux mots Provocation, art. 82 et 83). — L'art. 1 § 3 de la loi du 9 sept. 1835 s'occupe de l'un de ces cas, celui de la provocation non suivie d'effet aux crimes prévus par les art. 86 et 87 du cod. pén.; cette provocation qui n'était, d'après l'art. 2 de la loi du 17 mai 1819, qu'un délit punissable d'un emprisonnement et d'une amende, est aujourd'hui passible d'une peine afflictive et infamante : comme la provocation suivie d'effet, et malgré qu'elle soit punie moins sévèrement, elle constitue un Attentat à la sûreté de l'état.
12.	**B.** **BLAME** ou **RESPONSABILITÉ** des actes du Gouvernement. (Les faire remonter au Roi par l'un des moyens énoncés en l'art. 1 de la loi du 17 mai 1819. Art. 4 de la loi du 9 sept. 1835;	Cour d'assises. Art. 4 de la	Emprisonnement 1 mois à 1 an. Amende 500 à 5,000 f. Suppression ou destruction des objets saisis ou à saisir, en tout ou en partie, suivant qu'il y a lieu pour l'effet de la condamnation. Impression et affiche de l'arrêt (facultativement). Publication de l'arrêt dans le Moniteur. Art. 4 de la loi du 9 sept. 1835;	Art. 463 non applicable. V. cet art.	Le projet de loi défendait de faire intervenir le nom du Roi, directement ou indirectement par voie d'allusion, dans la discussion des actes du Gouvernement : sur le rapport de la Commission de la Ch. des Députés, l'article fut rédigé en ce sens que celui qui mêle le nom du Roi à une discussion n'est punissable qu'autant qu'il y attache une imputation de Blâme ou de Responsabilité. Moniteur du 19 août 1835.

NUMÉRO D'ORDRE.	QUALIFICATION des CRIMES, DÉLITS ET CONTRAVENTIONS.	COMPÉTENCE.	PEINES ENCOURUES.	APPLICABILITÉ de l'art. 463 du Cod. pén, ou cas dans lesquels il est permis aux Juges d'abaisser la peine par l'admission des circonstances atténuantes.	OBSERVATIONS.
	1 de la loi du 17 mai 1819.	loi du 8 oct. 1830; 15 de la loi du 26 mai 1819.	26 de la loi du 26 mai 1819. Si le délit a été commis par la voie d'un journal ou écrit périodique, l'amende sera de 1,000 à 10,000 f. Art. 12 de la loi du 9 sept. 1835; 10 de la loi du 9 juin 1819; 14 de la loi du 18 juillet 1828.		
13.	**C.** **CARTES A JOUER.** Fabrication, Introduction dans le royaume, Distribution, Vente ou Colportage de cartes à jouer sans autorisation de la Régie. Art. 166 de la loi du 28 av. 1816.	Tribunal correctionl. Art. 90 de la loi du 5 vent. an 12.	Emprisonnement 1 mois. Amende 1,000 à 3,000 f. Confiscat. des objets de fraude. Art. 166 de la loi du 28 avril 1816.	Art. 463 non applicable. Vid. cet art.	V. loi du 9 vendémiaire an 6; arrêtés des 21 ventôse an 7 et à ventôse an 12; décrets des 4 germinal, 4 prairial et 13 fructidor an 13; 16 juin 1808 et 9 février 1810; loi du 28 avril 1816; ordonnance du 4 juillet 1821. 1. Les peines prononcées par l'art. 166 de la loi du 28 av. 1816 doivent être appliquées à ceux qui tiennent des cafés, auberges, débits de boissons et en général des établissemens où le public est admis, s'ils permettent que l'on se serve chez eux de cartes prohibées, lors même qu'elles auraient été apportées par les joueurs. Art. 167 de la loi du 28 avril 1816. 2. L'art. 9 de l'arrêté du 3 pluviôse an 6 et l'art. 11 de celui du 19 floréal de la même année, qui défendent aux commis des maisons de jeu, serviteurs et domestiques, et à tous particuliers de vendre des cartes neuves ou ayant servi, sont absolus; En conséquence, la vente sans autorisation de quelques jeux de cartes constitue une contravention passible de l'amende, encore qu'il s'agisse de vieilles cartes au filigrane de la Régie, recoupées ou réassorties de différens jeux. Garnier, p. 838. Cass. 26 avril 1822. Dall. 22-1-386. 3. Les fabricans de cartes doivent mettre sur chaque jeu de cartes une enveloppe qui indique leurs noms, demeures, enseignes et signatures en forme de griffe, de laquelle enveloppe ils doivent déposer une empreinte tant au greffe du tribunal de première instance, que dans les bureaux de la Régie. Art. 4 du décret du 9 février 1810. — Les cartiers qui font des enveloppes par sixains ne peuvent les employer qu'en forme de bandes, de manière à laisser apparentes celles de contrôle apposées par les préposés de la Régie sur chaque jeu, après la vérification des cartes à figure. Même art. 4. 4. La Régie fournit aux fabricans de cartes les feuilles de moulage, ainsi que le papier filigrané qu'ils sont tenus d'employer. Art. 162 de la loi du 28 avril 1816. — Le prix de chaque espèce est déterminé chaque année par le Ministre des finances. (Même article). 5. Les fabricans qui ne peuvent justifier de l'emploi ou de l'existence du papier qui leur a été délivré, sont censés avoir employé à des jeux de trente-deux cartes toutes les feuilles manquantes. — Le décompte en est fait d'après cette base et ils acquittent, par chaque jeu, le double du droit établi. Art. 108 de la loi du 28 avril 1816.

N° d'ordre.	QUALIFICATION des CRIMES, DÉLITS ET CONTRAVENTIONS.	COMPÉTENCE.	PEINES ENCOURUES.	APPLICABILITÉ de l'art. 463 du Cod. pén., ou cas dans lesquels il est permis aux juges d'abaisser la peine par l'admission des circonstances atténuantes.	OBSERVATIONS.
					6. Les fabricans peuvent faire usage de papiers tarotés ou de couleur pour le dessus de leurs cartes. Art. 105 de la loi du 28 avril 1816.
14.	**CAUTIONNEMENT.** Défaut par les propriétaires de verser en numéraire au trésor, avant la publication de tout journal ou écrit périodique qui n'en est pas exempt, le cautionnement dont le taux est fixé par la loi. Art. 13 de la loi du 9 sept. 1835; 3 de la loi du 18 juillet 1828.	Tribunal correction¹. Art. 6 de la loi du 9 juin 1819; discuss. à la Chamb. des députés, séances des 1 et 4 octobre 1830; Arg¹ de l'art. 4 de la loi du 8 oct. 1830; Trib. de Paris, du 11 oct. 1830; Jurisp. crim. 1830, p. 257; Paris, 9 fév. 1831; Jurisp. crim. 1831, p. 35; D. 31 - 2 - 234; Tribunal de Dieppe, du 18 nov. 1836; Journ. le Droit du 22 nov., n° 352.	Emprisonnement 1 à 6 mois. Amende 200 à 1,200 f. Art. 6 de la loi du 9 juin 1819; 3 § dernier de la loi du 18 juillet 1828.	Art. 463 non applicable. Vid. cet art.	V. l'ordonnance du 18 novembre 1835, relative aux cautionnemens des journaux ou écrits périodiques. 1. L'art. 13 de la loi du 9 septembre 1835, remplace les art. 1 la loi du 14 déc. 1830, 4 de la loi du 8 av. 1831, et partie des art. 1 de la loi du 9 juin 1819 et 2 de celle du 18 juillet 1828. 2. Le taux du cautionnem¹ est fixe, savoir : — Dans les départemens de la Seine, Seine-et-Oise, Seine-et-Marne; si le journal ou écrit périodique paraît plus de deux fois par semaine, soit à jour fixe, soit par livraisons et irrégulièrement, à 100,000 f.; si le journal ou écrit périodique ne paraît que deux fois par semaine 75,000 f.; si le journal ou écrit périodique ne paraît qu'une fois par semaine 50,000 f.; si le journal ou écrit périodique paraît seulement plus d'une fois par mois 25,000 f. — Dans les départemens autres que ceux de la Seine, Seine-et-Oise, Seine-et-Marne : dans les villes de 50,000 âmes et au-dessus : pour les journaux quotidiens, 25,000 f.; pour les journaux ou écrits périodiques paraissant à des termes moins rapprochés, 12,500 f. Dans les villes au-dessous de 50,000 âmes : pour les journaux quotidiens, 15,000 f.; pour les journaux ou écrits périodiques paraissant à des termes moins rapprochés, 7,500 f. Art. 13 §§ 1, 2, 3, 4, 5, 6, 7 et 8 de la loi du 9 septembre 1835. 3. Sont exempts de tout cautionnement : 1° les journaux ou écrits périodiques qui ne paraissent qu'une fois par mois ou plus rarement; 2° les journaux ou écrits périodiques exclusivement consacrés, soit aux sciences mathématiques, physiques et naturelles, soit aux travaux et recherches d'érudition, soit aux arts mécaniques et libéraux, c'est-à-dire aux sciences et aux arts dont s'occupent les trois Académies des sciences, des inscriptions et des beaux-arts de l'Institut royal; 3° les journaux ou écrits périodiques étrangers aux matières politiques et exclusivement consacrés aux lettres ou à d'autres branches de connaissance non spécifiées précédemment, pourvu qu'ils ne paraissent au plus que deux fois par semaine; 4° tous les écrits périodiques étrangers aux matières politiques et qui seraient publiés dans une autre langue que la langue française; 5° les feuilles périodiques exclusivement consacrées aux avis, annonces, affiches judiciaires, arrivages maritimes, mercuriales et prix-courans. Art. 3 de la loi du 18 juil. 1828; 14 de la loi du 9 sept. 1835. 4. Le cautionnement est affecté par privilège aux dépens, dommages-intérêts et amendes auxquelles les gérans responsables peuvent être condamnés. Le prélèvement s'opère, quant aux condamnations, dans l'ordre ci-dessus; il s'opère, quant aux condamnés : 1° sur la partie du cautionnement appartenant en propre aux signataires responsables; 2° sur le reste du cautionnement dans le cas où celle-ci serait insuffisante; s'il y avait encore insuffisance, il y aurait lieu à recours solidaire sur les biens des gérans signataires et des auteurs ou rédacteurs des

NUMÉRO D'ORDRE.	QUALIFICATION des CRIMES, DÉLITS ET CONTRAVENTIONS.	COMPÉTENCE.	PEINES ENCOURUES.	APPLICABILITÉ de l'art. 463 du Cod. pén. ou cas dans lesquels il est permis aux juges d'abaisser la peine par l'admission des circonstances atténuantes.	OBSERVATIONS.
					articles condamnés. Art. 3 de la loi du 9 juin 1819; 13 de la loi du 18 juillet 1828. 5. Pour la part que chaque gérant doit posséder dans le cautionnement, V. v° Cautionnement, n° 16. 6. Avant toute publication du journal ou écrit périodique soumis au cautionnement, il doit être justifié du versement de ce cautionnement au Procureur du Roi. Art. 1 de l'ordonnance du 29 juillet 1826. 7. L'imprimeur n'est pas tenu de se faire justifier du versement du cautionnement. Paris 26 décembre 1834. Jurisp. crim. 1834, p. 12. D. 34-2-147. 8. La loi ne distingue pas entre les *matières politiques* et les *nouvelles politiques*. Lyon, 30 décembre 1831. Jurisp. crim. 1831, p. 361. Observat. ib en note. Par. suppl. p. 458. 9. Un ouvrage paraissant périodiquement et contenant des satires contre des personnages politiques et des allusions aux événemens du temps ne peut être déclaré étranger aux matières politiques, sur le fondement que les allusions aux évènemens du temps ont toujours été du domaine de la satire et que cet ouvrage, écrit en vers, ne renferme ni nouvelles, ni discussions politiques proprement dites. Cass. 29 décembre 1831. Jurisp. crim. 1832, p. 78. D. 32-1-18. Pal. t. 2 de 1832, p. 327. 10. Les journaux exempts de cautionnement comme étrangers aux matières politiques ne peuvent s'occuper de questions d'économie politique. Lyon, 8 av. 1835. Jurisp. crim. 1835, p. 82. 11. Ces journaux ne peuvent publier des articles sur les élections municipales et sur le choix d'un maire. Trib¹ de Dieppe, du 18 novem. 1836. Journal le Droit du 22 novem., n° 352. 12. Les feuilles exclusivement consacrées aux avis, annonces, etc., doivent se borner à annoncer sans discuter. Garnier, p. 76, 2ᵉ supplément. 13. La publication de plusieurs numéros d'un journal avant le dépôt du cautionnement constitue, non une infraction unique, mais autant de délits distincts qu'il y a eu de contraventions constatées par des poursuites. Cass., sections réunies, 23 janv. 1836. Pal. t. 1 de 1836, p. 523.
15.	**CAUTIONNEMENT.** Défaut d'acquitter les condamnations encourues et de libérer et compléter le cautionnement dans les quinze jours de la notification de l'arrêt.	Tribunal Correctionl.	Les quinze jours révolus sans que la libération ou le complétement ait été opéré, et jusqu'à ce qu'il le soit, le journal ou écrit périodique doit cesser de paraître.	Art. 463 non applicable.	Si le journal faisait des offres réelles, le jugement qui prononcerait sur leur validité aurait un effet rétroactif, et il y aurait, ou non, contravention dans la publication d'un journal, suivant que les offres seraient déclarées bonnes ou insuffisantes. Argument de l'arrêt de Cass. du 15 sept. 1832. Bull. off. t. 3⁷, p. 502.
		Art. 6 de la loi du 9 juin 1819; Argu. de l'art. 4 de la loi du 8 oct. 1830; discuss. à la Chamb. des Députés,	Art. 4 de la loi du 9 juin 1819. S'il paraît; Emprisonnement 1 à 6 mois. Amende 200 à 12,00 f.	V. cet art.	

NUMÉRO D'ORDRE.	QUALIFICATION des CRIMES, DÉLITS ET CONTRAVENTIONS.	COMPÉTENCE.	PEINES ENCOURUES.	APPLICABILITÉ de l'art. 463 du Cod. pén. ou cas dans lesquels il est permis aux Juges d'abaisser la peine par l'admission des circonstances atténuantes.	OBSERVATIONS.
	Art. 4 de la loi du 9 juin 1819.	séances des 1 et 4 octobre 1830.	Art. 6 de la loi du 9 juin 1819.		
16.	CAUTIONNEMENT. Défaut par chaque gérant responsable d'un journal ou écrit périodique de rapporter, dans les quinze jours de la notification qui leur en est faite, soit la rétrocession, soit la main levée de la saisie-arrêt, dans le cas où soit des cessions totales ou partielles de la portion du cautionnement appartenant au gérant, soit des jugemens passés en force de chose jugée prononçant la validité des saisies-arrêts formées contre ce cautionnement auraient été signifiés au trésor.	Tribunal correctionnel. — Art. 6 de la loi du 9 juin 1819; Argu. de l'art. 4 de la loi du 8 oct. 1830; Discus. de la loi à la Chamb. des Députés, séances des 1 et 4 oct. 1830.	Les quinze jours révolus sans que la rétrocession ou la main levée soient rapportées, le journal ou écrit périodique doit cesser de paraître. — Art. 15 § 2 de la loi du 9 sept. 1835. — S'il paraît; Emprisonnement 1 à 6 mois, Amende 200 à 1,200 f.	Art. 463 non applicable. — V. cet art.	Chaque gérant responsable d'un journal ou écrit périodique doit posséder, en son propre nom, le tiers du cautionnement. Art. 15 § 1 de la loi du 9 sept. 1835. — Le § 2 du même art. a pour objet d'empêcher que, par des cessions ou des saisies-arrêts, la disposition du § 1 ne soit éludée. V. à l'art. 42 ci-après, note 3, quels sont les journaux qui doivent avoir des gérans responsables.
	Art. 15 § 2 de la loi du 9 sept. 1835.		Art. 6 de la loi du 9 juin 1819.		
17.	COMPTE-RENDU par un journal ou écrit périodique des séances secrètes des chambres ou de l'une d'elles, sans leur autorisation. — Art. 7 de la loi du 9 juin 1819.	Tribunal correction¹. — Art. 12 de la loi du 9 juin 1819; Argu. de l'art. 4 de la loi du 8 oct. 1830; Discus. de la loi à la Chamb. des Députés, séances des 1 et 4 oct. 1830.	Amende 100 à 1,000 f. — Art. 12 de la loi du 9 juin 1819.	Art. 463 non applicable. — V. cet art.	V. les art. 38 et 27 de la Charte constitutionnelle qui autorisent les Chambres, sur la demande de cinq membres, à se former en comité secret.

NUMÉRO D'ORDRE.	QUALIFICATION des CRIMES, DÉLITS ET CONTRAVENTIONS.	COMPÉTENCE.	PEINES ENCOURUES.	APPLICABILITÉ de l'art. 463 du Code pénal en cas dans lesquels il est permis aux juges d'abaisser la peine par l'admission des circonstances atténuantes.	OBSERVATIONS.
13.	COMPTE-RENDU par les journaux ou écrits périodiques des séances des Chambres et des audiences des Cours et Tribunaux. (Infidélité et mauvaise foi dans... Art. 7 § 1 de la loi du 25 mars 1822; 22 de la loi du 17 mai 1819.	Pour le cas d'infidélité dans le compte-rendu des séances des Chamb. Cour d'ass. Art. 1 de la loi du 8 oct. 1830; 13 de la loi du 26 mai 1819. A moins que les Chambres n'évoquent et ne jugent elles-mêmes. Art. 15 § 3 de la loi du 25 mars 1822; 3 de la loi du 8 oct. 1830. Pour le cas d'infidélité dans le compte-rendu des audiences des Cours et Tribunaux; Ce sont les Cours et Tribunaux, qui ont tenu ces audiences, qui statuent. Art. 16 § 2 de la loi du 25 mars 1822. Pour le cas de violation de rendre compte des débats législatifs ou judiciaires; C'est l'autorité qui a prononcé la défense.	Amende 1,000 à 6,000 f. Suppression ou destruction des objets saisis ou à saisir, en tout ou en partie, suivant qu'il y a lieu pour l'effet de la condamnation. Impression et affiche de l'arrêt (facultativement). Publication de l'arrêt dans le Moniteur. Art. 7 de la loi du 25 mars 1822; 26 de la loi du 26 mai 1819. Si le compte-rendu est offensant pour l'une ou l'autre Chambre, ou pour l'un des Pairs ou l'un des Députés, ou injurieux pour la Cour ou le Tribunal, l'un des Magistrats, des Jurés ou des témoins. Emprisonnement 1 mois à 3 ans, Amende 1,000 à 6,000 f. Suppression ou destruction des objets saisis ou à saisir, en tout ou en partie, suivant qu'il y a lieu pour l'effet de la condamnation. Impression et affiche de l'arrêt (facultativement). Publication du jugement ou arrêt dans le Moniteur. Interdiction pour un temps limité ou pour toujours, de rendre compte des débats législatifs ou judiciaires (facultativement). Art. 7 § 2 et 3 de la loi du 25 mars 1822; 26 de la loi du 26 mai 1819. En cas de violation de la défense de rendre compte; Peines ci-dessus doublées. Art. 7 § 3 in fine de la loi du 25 mars 1822.	Art. 463 non applicable. V. cet art.	V. les mots Offense envers les Chambres, Diffamation et Injure envers les Cours et Tribunaux, Outrages envers les Magistrats, les Fonctionnaires publics, les Jurés et les Témoins. Art. 63, 65, 74, 75, 76, 77 et 78. 1. Pour être punissable, il faut que l'art. du journal présente les caractères d'un Compte-rendu et qu'il soit infidèle et de mauvaise foi. Parant, p. 144. Cour d'ass. de la Seine du 19 mars 1833. Jurisp. crim. 1833, p. 126. Observ. des auteurs ib. Legraverend, C. t., p. 583. 2. La question de savoir si l'article incriminé est un Compte-rendu ne doit pas se résoudre par la place qu'il occupe dans le journal, ni par la rubrique sous laquelle il se trouve, mais bien par la nature des faits qui y sont rapportés. Cass. 18 oct. 1833. Pal. t. 1 de 1834, p. 475. D. 33-1-333, S. 34-1-42. Cour d'ass. de la Seine du 20 mars 1833, confirmé par la Cour de cass. Pal. t. 2 de 1833, p. 462. D. 33-3-77. Par. p. 144. 3. L'art. 7 de la loi du 25 mars 1822 s'applique aux ordonnances de renvoi à une autre session et à toutes les autres ordonnances que rend le Président des assises. Par. p. 145 et arrêt qu'il cite du 6 juin 1834. A. Dall. dict. v° Presse, n° 492. 4. Les jugemens et arrêts des Tribunaux ou Cours offensés sont soumis, comme tous les autres, aux divers degrés de juridiction. Cass. 18 oct. 1833 ci-dessus. Cass. 22 nov. 1833. D. 33-1-391. S. 33-1-841. Cass. 6 mars 1823. D. 23-1-120. S. 23-1-130. Cass. implicitement 7 décembre 1822, Pal. t. 1 de 1823, p. 227. D. 22-1-494. Cass. implicit. 11 mai 1833. Pal. t. 2 de 1833, p. 462. D. 33-1-227. Colmar, 11 janvier 1834. Jurisp. crim. 1834, p. 14. Pal. t. 3 de 1834, p. 171. D. 34-2-149. Par. p. 156. Bourg. t. 3, p. 587. Contrà Amiens, 30 janv. 1822. D. 2-1019, n° 5. 5. Ils sont soumis aux règles de droit ordinaire et de la procédure en matière criminelle, et à ces cas ne s'appliquent point les délais, formalités et autorisations requis en matière de presse. Cass. 7 décem. 1822 ci-dessus. Cass. 11 mai 1833 ci-dessus. Cass. 21 mai 1833. D. 33-1-231. Bourg. t. 3, p. 586. 6. Les Tribunaux investis de droit de juger les délits d'infidélité dans les Comptes-rendus sont dispensés d'entendre des témoins; ils peuvent s'en rapporter à leurs souvenirs. Par. p. 159. Bourg. t. 3, p. 586. Cass. 7 décem. 1822 ci-dessus. Cass. 26 août 1831. Pal. t. 3 de 1831, p. 163. Cass. 21 décem. 1836. Jurisp. crim. 1837, p. 38. 7. S'ils refusent d'admettre la preuve, ils doivent dresser procès-verbal, pour le cas d'annulation de leur décision. Par. p. ibid. Bourg. ib. Cass. 7 décem. 1822 ci-dessus. 8. Si ce procès-verbal n'était pas dressé, il n'y aurait cependant pas nullité. Cass. ib. Et le Ministère public serait toujours admis à faire par témoins la preuve du délit. Par. ibid. Bourg. ib. Cass. 7 décembre 1822, ib. 9. L'interdiction de rendre compte des débats doit être limitée aux débats de la Cour ou du Tribunal dont les audiences ont été reproduites avec mauvaise foi et ne peut être entendue aux débats de tous les Tribunaux de France. Discuss. à la Cham. des

NUMÉRO D'ORDRE.	QUALIFICATION des CRIMES, DÉLITS ET CONTRAVENTIONS.	COMPÉTENCE.	PEINES ENCOURUES.	APPLICABILITÉ de l'art. 463 du Cod. pén. ou cas dans lesquels il est permis aux Juges d'abaisser la peine par l'admission des circonstances atténuantes.	OBSERVATIONS.
		Par. p. 157. Impl. Cassat. sect. réunies 6 août 1834. Pal. t. 3 de 1834, p. 199. Jurisp. crim. 1834, p. 223. Les Cours et Trib. qui ont défendu de rendre compte statuent, alors même que par suite du renvoi après cassat., cette défense de rendre compte aurait été prononcée définitivem! par une autre C. ou Tribunal. Par. p. 158. Cass. 14 déc. 1833. Pal t. 1 de 1834, P. 527. D. 34-1-126. S. 34-1-43. Cass. 8 février 1834. D. 34-1-172, S. 35-1-156. Ils statuent quand bien même le gérant soutiendrait que le journal qui a rendu compte est un nouveau journal. Cass. sect. réunies du 6 août 1834 ci-dessus.			Pairs, séance du 20 mars 1822. Moniteur dudit jour. Par. p. 148. Cass. 14 décem. 1833. Pal. t. 1 de 1834, p. 527. D. 34-1-128. S. 34-1-43. 10. L'interdiction doit s'entendre des débats de la Cour ou du Tribunal offensés et non de la Cour ou du Tribunal qui statuent en dernier lieu sur le renvoi de la Cour de cass. Discuss. de la loi à la Ch. des Pairs, séance du 5 mars 1822. Cass. 14 décem. 1833 ci-dessus. Cass. 8 fév. 1834. D. 34-1-172. S. 34-1-156. 11. Le journal qui a été frappé de l'interdiction de rendre compte des débats ne peut s'y soustraire en modifiant son titre. Cass. sect. réunies, 6 août 1834. Pal. t. 3 de 1834, p. 199. Jurisp. crim. 1834, p. 223. 12. Il appartient à la Cour d'assises investie du droit de connaître des infractions à l'interdiction de rendre compte, d'apprécier souverainement si la publication constitue, ou non, une entreprise nouvelle. Cass. 6 août 1834 ci-dessus. 13. Le Ministère public n'a pas besoin d'autorisation de la Cour ou Tribunal pour citer le prévenu. Cass. 11 mai 1833 ci-dessus. Cass. 22 novem. 1833 ci-dessus. Colmar, 11 janv. 1834 ci-dessus. Par. p. 214. *Contrà* Cell. p. 62, et observations de M. Vielle, avocat à Dôle, insérées au Rec. de Dall. (33-3-299), dans lesquelles une distinction est proposée. V. art. 21 not. 28; 34 not. 14; 35 not. 2 et 10; 36 not. 3 et suiv.; 37 not. 11 et suiv.; 56 not. 5; 57 not. 3; 68 not. 1; 69 not. 1; 72 not. 2; 74 not. 11, et 77 not. 7. 14. Aucune disposition de la loi n'oblige le Ministère public à notifier au journal l'arrêt de rejet de la décision qui lui interdit de rendre compte des audiences : à partir du jour du rejet, l'arrêt doit être exécuté. Par. p. 146 et arrêt qu'il cite du 31 mai 1834.

NUMÉRO D'ORDRE.	QUALIFICATION des CRIMES, DÉLITS ET CONTRAVENTIONS.	COMPÉTENCE.	PEINES ENCOURUES.	APPLICABILITÉ de l'art. 463 du Code pén. ou cas dans lesquels il est permis aux juges d'abaisser la peine par l'admission des circonstances atténuantes.	OBSERVATIONS.
		Les Cours d'assises jugeant dans les cas des quatre derniers paragraphes ci-dessus, décident sans l'intervention des Jurés. Cass. du 14 décem. 1833 ci-dessus.			
19.	**COMPTE-RENDU** par les journaux ou écrits périodiques des délibérations intérieures, soit des Jurés, soit des Cours et Tribunaux. Art. 10 § 3 de la la loi du 9 sept. 1835.	Tribunal correction. Art. 10 § 4 de la loi du 9 sept. 1835.	Emprisonnement 1 mois à 1 an. Amende 500 f. à 5,000 f. Art. 10 § 4 de la loi du 9 sept. 1835.	Art. 463 non applicable. Vid. cet art.	Si le délit a été commis par la voie d'un journal ou écrit périodique, l'amende ne peut être augmentée malgré les termes des art. combinés 12 de la loi du 9 septembre 1835, 10 de la loi du 9 juin 1819 et 14 de la loi du 18 juillet 1828, par cette raison que ce sont précisément les comptes-rendus *par les journaux* que le législateur a eu en vue, et qu'il a punis de la peine spéciale portée en l'art. 10 § 4 de la loi du 9 sept. 1835. Exposé des motifs par le Garde-des-Sceaux, Moniteur du 5 août 1835.
20.	**COMPTE-RENDU** par les journaux ou écrits périodiques des procès pour outrages et injures et des procès en diffamation où la preuve des faits diffamatoires n'est pas admise par la loi. Art. 10 § 1 de la loi du 2 sept. 1835.	Tribunal correction. Art. 10 § 4 de la loi du 9 sept. 1835.	Emprisonnement 1 mois à 1 an. Amende 500 f. à 5,000 f. Art. 10 § 4 de la loi du 9 sept. 1835.	Art. 463 non applicable. V. cet art. Riom 14 av. 1836. Pal. t. 2 de 1836, p. 84.	1. Les journaux ou écrits périodiques peuvent seulement annoncer la plainte sur la demande du plaignant. — Dans tous les cas, ils peuvent insérer le jugement. Art. 10 § 1 de la loi du 9 septembre 1835. 2. L'art. 10 de la loi du 9 sept. recevrait son application dans le cas de compte-rendu d'un procès pour offenses au Roi, à la Famille royale, aux Chambres ou aux chefs des Gouvernemens étrangers. Par. suppl. p. 430.

NUMÉRO D'ORDRE.	QUALIFICATION des CRIMES, DÉLITS ET CONTRAVENTIONS.	COMPÉTENCE.	PEINES ENCOURUES.	APPLICABILITÉ de l'art. 463 du Cod. pén. ou cas dans lesquels il est permis aux Juges d'abaisser la peine par l'admission des circonstances atténuantes.	OBSERVATIONS.
21.	**CONTREFAÇON** d'écrits, de composition musicale, de dessins, peintures ou de tout autre production imprimée ou gravée, en tout ou en partie. Introduction sur le territoire français d'ouvrages qui, après avoir été imprimés en France, ont été contrefaits à l'étranger. Débit d'ouvrages contrefaits. Art. 425-426 cod. pén.	Tribunal correctionnel. Art. 179 c. d'inst. crim., 43 du déc. du 5 fév. 1810; Q. de droit de Merl. v° contrefaçon § 1; Fav. v° prop. litt. § 4 et 5; Carnot, art. 425; Garnier p. 740; Cass. 27 ventôse an 9. D. Jurisp. gén. t. 11, p. 481; Cass. 12 ou 21 prairial an 11, Dal. ib. p. 482. S. 7-2-67. Pal. t. 3 p. 571; Paris 19 février 1835; Pal. t. 3 de 1835, p. 313.	Amende 100 à 2,000 f. contre le contrefacteur ou introducteur. Amende 25 à 500 fr. contre le débitant. Confiscation contre tous de l'édition contrefaite, des planches moulés et matrices d'objets contrefaits et remise au propriétaire, pour l'indemniser d'autant du préjudice qu'il a souffert. Le surplus de son indemnité, ou l'indemnité entière s'il n'y a pas eu vente d'objets confisqués, doit être réglée par les voies ordinaires, c'est-à-dire, d'après l'arbitrage des Tribunaux (qui ne sont pas tenus d'ordonner une Expertise. Cass. 6 niv. an 12. Pal. t. 4, p. 183. Cass. 30 janvier 1818. S. 18-1-222, Pal. t. 20, p. 72. D. Jurisp. gén. t. 11, p. 480. Fav. v° prop. litt. § 4, n° 7, Carnot t. 2, p. 390). Art. 427-429 cod. pén. On n'accorde plus, malgré les termes des art. 4 et 5 du décret des 19-24 juil. 1793, des dommages-intérêts de la valeur de 3,000 exemplaires de l'édition originale contre le contrefacteur et de 500 exemplaires contre le débitant: les dommages-intérêts ne sont accordés que suivant l'équité et d'après l'exigeance des cas. Cass. 4 sept. 1812. D. Jurisp. gén. t. 11, p. 484. S. 21-1-288. Cass. 26 juin et 12 décem. 1835 ind. par Par. p. 22 et suppl. p. 462. Carnot t. 2, p. 390. Bourg. t. 3, p. 472.	Art. 463 applicable. V. cet art.	1. Les *auteurs* conservent leur droit de propriété pendant leur vie. — Leurs *veuves* pendant leur vie aussi, lorsque les conventions matrimoniales leur en donnent le droit. — Les *enfans* (et *descendans*, Par. p. 18, Cell. p. 12,) en jouissent pendant vingt ans à compter du décès de l'auteur ou de celui de la veuve dans le cas ci-dessus posé. — Les autres *héritiers* et même la veuve quand elle ne vient que par droit héréditaire, pendant dix ans. — Les *cessionnaires* pendant la vie de l'auteur et de la veuve dans le cas où son contrat de mariage lui assure le droit de survivance, pendant vingt ans s'il y a des enfans, et pendant dix ans s'il y en a aucun. Décret des 19-24 juillet 1793, sur les droits de propriété des auteurs, art. 1, 2 et 7; Décret du 5 février 1810 contenant règlement sur l'imprimerie et la librairie, art. 39 et 40. Garnier p. 1063. Par. p. 17. Trib. de la Seine, du 4 mai 1812, Toull. t. 12, p. 205. Bourg. t. 3, p. 469. Fav. v° prop. litt. § 2, n° 13. Pic. p. 178. Cell. p. 12. (Toutefois M. Locré dans une dissertation insérée au recueil de Sirey, t. 17-2-282, soutient que les héritiers ou ayant-cause ont vingt ans comme les enfans). Sur la question de savoir s'il faut une stipulation expresse dans le contrat de mariage pour que la femme puisse exercer les droits que lui confère l'art. 39 du décret du 5 février 1810, V. Par. suppl. p. 458. 2. Les *auteurs dramatiques* conservent leur droit de propriété pendant leur vie; leurs héritiers (enfans ou collatéraux) et leurs cessionnaires pendant dix ans à compter de leur décès. Décret du 1 septembre 1793, (qui abroge celui du 30 août 1792 relatif aux ouvrages dramatiques, et qui déclare que ceux des 13-19 janvier 1791, 19 juillet — 6 août 1793 sur les spectacles et 19-24 juillet 1793 sur les droits de propriété des auteurs sont applicables aux ouvrages dramatiques), Av. du Conseil d'état, du 23 août 1811, (qui décide qu'il n'est rien innové par le décret du 5 février 1810 à ces dispositions antérieures); V. au mot Représentation sur un Théâtre, art. 29. 3. Celui qui publie un ouvrage *posthume*, a les mêmes droits que s'il en était l'auteur, à la charge de ne point le publier avec les autres ouvrages du défunt devenus déjà propriété publique. Décret du 1 germinal an 13; Décret du 8 juin 1806. Fav. v° prop. litt. § 2, n° 17. Rép. de Merlin v° Contrefaçon, § 7. Bourg. t. 3, p. 469. 4. L'art. 6 de la loi des 19-24 juillet 1793 soumet l'exercice du droit de propriété exclusive à la condition du dépôt préalable à la Bibliothèque nationale ou au Cabinet des estampes de deux exemplaires de tout ouvrage de littérature ou de gravure. — L'art. 48 du décret du 5 février 1810 imposa à tout imprimeur l'obligation de déposer cinq exemplaires de chaque ouvrage. — L'art. 14 de la loi du 21 octobre 1814 rappela le devoir de déposer le nombre des exemplaires prescrits. — L'ordonnance du 24 octobre de la même année, art. 4 et 8, fixa encore à cinq le nombre d'exemplaires qui devaient être déposés, et à deux le nombre d'épreuves des estampes et des planches gravées sans texte. — Enfin, l'ordonnance du 9 janvier 1828 a

NUMÉRO D'ORDRE.	QUALIFICATION des CRIMES, DÉLITS ET CONTRAVENTIONS.	COMPÉTENCE.	PEINES ENCOURUES.	APPLICABILITÉ de l'art. 463 du Cod. pén. ou cas dans lesquels il est permis aux Juges d'abaisser la peine par l'admission des circonstances atténuantes.	OBSERVATIONS.
					réduit à deux le nombre des exemplaires des écrits imprimés et a porté à trois celui des épreuves des planches et estampes. — En cet état de la législation, il n'est pas nécessaire aujourd'hui pour pouvoir exercer son droit de propriété que l'auteur ait déposé à la Bibliothèque royale ou au Cabinet des estampes les deux exemplaires exigés par la loi de 1793; le dépôt des deux exemplaires d'ouvrages et des trois épreuves d'estampes ou de planches gravées suffit. Cass. 1 mars 1834. Jurisp. crim. 1834, p. 53. Pal. t. 1 de 1834, p. 554. D. 34-1-113. Paris 23 mai 1833. Pal. t. 3 de 1833, p. 97. Par. p. 21. *Contrà* Cass. 30 juin 1832. Jurisp. crim. 1832, p. 181. Pal. t. 3 de 1832, p. 473. S. 32-1-633. D. 32-1-289. 5. Ce n'est pas la publicité mais l'impression des écrits ou de la gravure qui constitue le délit de contrefaçon. Tribunal de Paris du 25 janvier 1837. Gazette des Tribunaux du 26 janvier, n° 3542. 6. Les lois sur la propriété exclusive des auteurs s'appliquent aux propriétés littéraires de l'état. Conclus. du Proc. gén. Merlin et arrêt de Cass. du 7 prairial an 9. Q. v° Contrefaçon, § 7. V. Décret du 20 février 1809 sur les manuscrits des archives, bibliothèques et autres établissemens publics ; Décret du 6 juillet 1810 et Ordonnance du 20 janvier 1820 qui défendent d'imprimer et de distribuer les lois avant leur publication officielle dans le Bulletin. 7 La loi punit non-seulement la contrefaçon des ouvrages qui sont le produit du génie, mais encore celle des recueils, compilations et autres œuvres de ce genre qui exigent du discernement, du goût, de la science ou de l'esprit. Cass. 2. décembre 1814. Pal. t. 16, p. 231. S. 15-1-60. D. Jurisp. gén. t. 11, p. 465. Fav. v° Prop. litt. § 2, n° 2. Garnier, p. 740. Par. p. 23. Merlin, Rép. v° Contrefaçon §2. Carnot t. 2, p. 380. Bourg. t. 3, p. 472. Ce principe a été reconnu implicitement dans l'arrêt de la Cour de Cass. du 1 mars 1834, rapporté ci-dessus, dans lequel il s'agissait de la contrefaçon d'un livre d'une composition facile. (Le Conducteur des étrangers à Paris). 8. Les écrits des fonctionnaires publics, quoique relatifs à leurs fonctions, demeurent leur propriété exclusive. Merlin Q. v° Contrefaçon, p. 669. Fav. v° Prop. litt. §2, n° 8. D. Jurisp. gén. t. 11, p. 468. 9. La prononciation en public d'un discours n'enlève pas à son auteur le droit de propriété sur cet ouvrage. Paris 12 ventôse an 9. S. 1-2-629. Pal. t. 1, p. 610. D. Jurisp. gén. t. 11, p. 474. A. D. dict. v° Prop. litt., n°s 61 et 62. — Garnier (p. 740) a cependant le soin d'ajouter que les journaux peuvent le reproduire. 10. Les lois qui régissent la propriété littéraire reçoivent leur application au cas de reproduction d'un article de journal (déposé). Cass. 29 oct. 1830. S. 31-1-368. D. 31-1-11. Jurisp. crim. 1831, p. 108. 11. Elles s'appliquent aux ouvrages de sculpture, quoique le dépôt ne soit pas exigé pour ces sortes de publications. Cass. 17 nov. 1814. Pal. t. 16, p. 699. D. Jurisp. gén. t. 11, p. 475. S. 16-1-23. Paris 9 février 1832. Pal. t. 3 de 1832, p. 590. D. 32-

NUMÉRO D'ORDRE.	QUALIFICATION des CRIMES, DÉLITS ET CONTRAVENTIONS.	COMPÉTENCE.	PEINES ENCOURUES.	APPLICABILITÉ de l'art. 463 du Cod. pén. ou cas dans lesquels il est permis aux juges d'abaisser la peine par l'admission des circonstances atténuantes.	OBSERVATIONS.
					2-13. Merlin Rép. v° Contrefaçon, n° 16. Fav. v° Prop. litt. § 2, n° 19. Par. p. 18. Garnier p. 740. Bourg. t. 3, p. 474. 12. Elles s'appliquent aux ouvrages de dominoterie ou des fabriques de papiers peints. Cass. 5 Brum. an 13. Pal. t. 4, p. 93. D. Jurisp. gén. t. 11, p. 475. 13. Un peintre et un dessinateur, ayant un droit exclusif sur leurs ouvrages, peuvent empêcher qu'on ne les grave. Fav. ib. § 2. D. ib. p. 21. Mais ils ne peuvent s'opposer à ce qu'on les reproduise par le moulure et ciselure. Paris 3 décembre 1831. D. 32-2-81. 14. On ne se rend pas coupable de contrefaçon en arrangeant un ouvrage de musique pour un autre instrument que celui pour lequel il a été composé. Cass. 17 niv. an 13. Pal. t. 5, p. 242. D. 5-1-278. S. 5-1-232. 15. La loi protège l'auteur étranger comme l'auteur national quand il s'est conformé au Déc. des 19-24 juillet 1793. Art. 40 du Déc. du 5 fév. 1810. Merlin Rép. v° Prop. litt. § 2. Fav. v° eod. § 2 n° 12. Carnot t. 2, p. 360. Bourg. t. 3, p. 471. Par. p. 30. Garnier p. 740. Arg. de Cass. du 23 mars 1810. S. 11-1-18. D. Jurisp. gén. t. 11. p. 473. Pal. t. 11, p. 179. Argum. de Cass. du 30 janvier 1818. S. 18-1-222. Pal. t. 20, p. 72. D. ib. p. 470. 16. L'édition faite en France sans la permission de l'auteur d'un ouvrage publié en pays étranger n'est pas une contrefaçon. Cass. 17 niv. an 13, ci-dessus. Merlin Rép. v° Contrefaçon § 10. Mais, si après avoir publié son ouvrage en pays étranger, l'auteur le publiait de nouveau en France, il y aurait contrefaçon de la part de celui qui le réimprimerait. Cass. 29 janvier 1818. Pal. t. 20, p. 72. S. 18-1-222. D. Jurisp. gén. t. 11, p. 470. Carnot t. 3, p. 380. Si l'auteur ne déposait les exemplaires prescrits par la loi qu'après que le contrefacteur a livré sa réimpression au commerce, serait-il recevable à se plaindre ? Il faut distinguer : ou bien le contrefacteur a déjà fait le dépôt des deux exemplaires de sa réimpression et dans ce cas, il faut décider avec Carnot (t. 3, p. 387) que toute action est déniée à l'auteur qui doit s'imputer sa négligence à remplir une obligation que la loi lui imposait : ou bien l'auteur a déposé avant le contrefacteur et alors aucun doute ne peut s'élever que les peines de la contrefaçon ne puissent et ne doivent être appliquées. Carnot ib. Bourg. t. 3, p. 474. 17. Il importe peu, quant au droit de propriété, que l'ouvrage publié en France soit écrit en langue française ou en langue étrangère. Fav. v° Prop. litt. § 2 n° 9. Cass. 23 mars 1810. Pal. t. 11, p. 179. 18. La traduction d'un ouvrage étranger constitue une propriété littéraire. Cass. 23 juillet 1824. D. Jurisp. gén. t. 11, p. 469. Fav. v° Prop. litt. § 2, n° 9. 19. Les notes et les commentaires ajoutés à un ouvrage confèrent-ils un droit de propriété ? La Cour royale de Paris a décidé par ses arrêts des 9 déc. 1831 et 8 nov. 1835. (D. 35-2-117

NUMÉRO D'ORDRE.	QUALIFICATION des CRIMES, DÉLITS ET CONTRAVENTIONS.	COMPÉTENCE.	PEINES ENCOURUES.	APPLICABILITÉ de l'art. 463 du Code pén. ou cas dans lesquels il est permis aux juges d'abaisser la peine par l'admission des circonstances atténuantes.	OBSERVATIONS.
					et 192), que ces notes demeuraient la propriété de l'éditeur, surtout si elles étaient imprimées séparément. —Fav. v° Prop. litt. § 2 not. 10, est porté à décider que le commentaire est un accessoire qui appartient au propriétaire du texte. —A. D. dict. v° eod. dit que le commentaire ne confère aucun droit sur le texte, mais il ajoute que peut-être il en serait autrement d'un commentaire étendu et d'un travail considérable.

20. Si un auteur complète l'ouvrage qu'un autre a déjà publié, les additions et les corrections suivent le sort de la production première. Cass. 18 floréal an 12. S. 5-1-40. Pal. t. 4, p. 512. Cass. 23 oct. 1806. D. Jurisp. gén. t. 11, p. 467. Merlin Rép. v° Prop. litt. § 11. Fav. v° eod. § 3, n°° 3, 4 et 5.

21. La Cour de Cass. a jugé le 29 janvier 1829, (D. 29-2-123) qu'un chef d'école avait le droit de rédiger et de distribuer à ses élèves les élémens d'instruction extraits de tous les ouvrages publiés sur les matières enseignées dans cette école.

22. Le titre d'un journal est une propriété littéraire à laquelle il ne peut être porté atteinte directement ni indirectement. Cass. 15 février 1834. D. 34-1-53

23. L'insertion de l'annonce d'une édition contrefaite dans un catalogue de librairie ne constitue pas seule le délit de distribution. Cass. 2 décembre 1808. D. Jurisp. gén. t. 11, p. 482. Pal. t. 9, p. 667. Autre arrêt du même jour, ib.

24. La bonnefoi d'un sculpteur peut être admise pour excuse, s'il est justifié que ce sculpteur a cru que les statues qu'il a moulées étaient dans le domaine public. Paris 26 février 1825. D. 25-2-141.

V. Art° 52 not. 11; 55 not. 12, et 62 not. 10.

25. Sans entrer dans le détail des espèces dans lesquelles les Tribunaux ont déclaré qu'il y avait *contrefaçon* et de celles dans lesquelles ils n'ont vu qu'une simple *plagiat*, faisons remarquer : 1° Que le plagiat peut souvent constituer, mais ne constitue pas toujours une contrefaçon. 2° Que le plagiat qui n'est point nuisible et dommageable n'est pas puni par les lois. 3° Que la question de savoir si le plagiat doit être considéré comme une contrefaçon étant une appréciation de fait, plutôt qu'une décision en droit, les arrêts des Cours royales sur ce point échappent à la censure de la Cour de cassation. V. les arrêts et les auteurs ci-dessus cités.

26. Le ministère public a qualité pour agir d'office en matière de contrefaçon. Cass. 27 ventôse an 9. D. Jurisp. gén. t. 11, p. 481. Cass. 27 prairial an 11. D. ib. p. 475. Pal. t. 3, p. 192. S. 7-1-587. Merlin Q. v° Contrefaçon § 2. Carnot t. 2, p. 380. V. Art° 18 not. 13; 34 not. 14; 35 not. 9 et 10; 36 not. 3 et suiv.; 37 not. 11 et suiv.; 50 not. 10; 56 not. 5; 57 not. 3; 62 not. 11; 68 et 69 not. 1; 72 not. 2; 74 not. 14, et 77 not. 7.

Il le peut sans le concours d'un Officier civil quand l'ouvrage appartient à l'état. Cass. 27 prairial an 11 ci-dessus.

27. Aux termes du décret du 25 prairial an 3, les fonctions attribuées aux Officiers de paix par la loi des 19-24 juil. 1793, doivent être exercées (exclusivement. Bourg. t. 3, p. 471. Cass. 9 Mess. an 13. Pal. t. 6, p. 284. D. Jurisp. gén. t. 11, p. 481.)

NUMÉRO D'ORDRE.	QUALIFICATION des CRIMES, DÉLITS ET CONTRAVENTIONS.	COMPÉTENCE.	PEINES ENCOURUES.	APPLICABILITÉ de l'art. 463 du Cod. pén. ou cas dans lesquels il est permis aux Juges d'abaisser la peine par l'admission des circonstances atténuantes.	OBSERVATIONS.
					par les Commissaires de police et par les Juges de paix dans les lieux où il n'y a pas de Commissaires de police. 28. Le débit d'ouvrages contrefaits ne cesse pas d'être un délit quoique la contrefaçon ne soit plus un fait punissable ; le contrefacteur que la prescription affranchit de l'amende peut-être poursuivi et condamné à des réparations civiles, comme débitant de l'édition contrefaite. Paris 26 juil. 1828. D. 28-2-243. Pal. t. 3 de 1828, p. 135.
22.	**CRIAGE** sur la voie publique d'un écrit imprimé, lithographié, gravé ou à la main, avant que le Crieur ou Distributeur ait fait connaître à l'autorité municipale le titre sous lequel il veut l'annoncer et avant d'avoir remis à cette autorité un exemplaire de cet écrit. Art. 3 § 2 de la loi du 10 déc. 1830.	Tribunal correctionl. Art. 7 de la loi du 10 déc. 1830.	Emprisonnement 6 jours à 1 m*. Ensemble ou séparément, Amende 25 à 200 f. Art. 7 de la loi du 10 déc. 1830.	Art. 463 applicable. Art. 8 de la loi du 10 déc. 1830.	Les art* 3 et 7 de la loi du 10 décembre 1830 ne peuvent s'appliquer qu'aux Crieurs autorisés, nul ne pouvant sans autorisation exercer, même temporairement, la profession de Crieur. V. au n° 25.
23.	**CRIAGE** dans les rues, places et autres lieux publics, de journaux, feuilles quotidiennes ou périodiques, de jugemens ou autres actes de l'autorité publique, autrement que par leur titre. Art. 3 § 1 de la loi du 10 déc. 1830.	Tribunal correctionl. Art. 7 de la loi du 10 déc. 1830.	Emprisonnement 6 jours à 1 m*. Ensemble ou séparément, Amende 25 à 200 f. Art. 7 de la loi du 10 déc. 1830.	Art. 463 applicable. Art. 8 de la loi du 10 déc. 1830.	V. Note ci-dessus sur l'applicabilité aux seuls Crieurs autorisés des art* 3 et 7 de la loi du 10 décembre 1830.
24.	**CRIAGE, VENTE** ou **DISTRIBUTION** de faux extraits de journaux, jugemens et actes de l'autorité publique. Art. 4 de la loi du 10 déc. 1830.	Tribunal correctionl. Art. 6 de la loi du 10 déc. 1830.	Emprisonnement 6 jours à 1 m*. Ensemble ou séparément, Amende 25 à 500 f. contre les Crieurs, Vendeurs ou Distributeurs. Peines doublées contre l'auteur ou l'imprimeur des faux extraits. Art* 4 et 5 de la loi du 10 déc. 1830.	Art. 463 applicable. Art. 8 de la loi du 10 déc. 1830.	1. Sans préjudice des autres peines qui pourraient être encourues par suite des crimes et délits résultant de la nature même de l'écrit. Art. 5 § 3 de la loi du 10 décembre 1830. 2. L'art. 4 de la loi du 10 décem. 1830 parle de *Vente et Distribution*, et non de *Criage* de faux extraits, mais l'art. 5 de cette loi répare cet oubli en mentionnant le Crieur parmi ceux qui doivent être frappés de la peine qu'il édicte. 3. L'erreur matérielle ne suffirait pas pour faire prononcer les peines portées par l'art. 5 de la loi du 10 décembre : il faut qu'il y ait fausseté avec intention. Par. p. 186. Cell. p. 74. 4. L'auteur n'est punissable qu'autant qu'il a destiné son écrit à la publicité. Discuss. à la Ch. des Députés, séance du 3 décemb. 1830. Par. p. 186. Cell. p. 74.

NUMÉRO D'ORDRE.	QUALIFICATION des CRIMES, DÉLITS ET CONTRAVENTIONS.	COMPÉTENCE.	PEINES ENCOURUES.	APPLICABILITÉ de l'art. 463 du Cod. pén. ou cas dans lesquels il est permis aux Juges d'abaisser la peine par l'admission des circonstances atténuantes.	OBSERVATIONS.
25.	**CRIEUR.** Exercice, même temporaire, de la profession de Crieur, Vendeur ou Distributeur sur la voie publique d'écrits, dessins ou emblèmes, imprimés, autographiés, moulés, gravés ou à la main, sans autorisation préalable de l'autorité municipale. Art. 1 de la loi du 16 fév. 1834.	Tribunal correction¹. Art. 2 de la loi du 16 fév. 1834.	Emprisonnement 6 jours à 2 m⁵. Art. 2 de la loi du 16 fév. 1834.	Art. 463 applicable. Art. 2 de la loi du 16 fév. 1834.	V. not. 4 au mot Provocation, n° 81. 1. Les dispositions de l'art. 1 de la loi du 16 février 1834 sont applicables aux chanteurs sur la voie publique. Art. 1 § 3 de ladite loi. 2. L'autorisation accordée par la Municipalité aux crieurs, vendeurs et distributeurs peut être retirée. Art. 1 § 2 de ladite loi. 3. La distribution de journaux dans les boutiques, avec offre de les vendre, ne rentre pas dans l'application de la loi du 16 févr. 1834. Paris, 23 août 1834, Jurisp. crim. 1834, p. 214. 4. La loi du 16 fév. est applicable aux distributeurs d'adresses sur la voie publique. Paris, 13 janvier 1835, Jurisp. crim. 1834, p. 368, Pal. t. 1 de 1836, p. 214. 5. Le Tribunal de Lille a décidé, le 5 mars 1834, qu'un seul fait de distribution ne constituait pas l'exercice, même temporaire, de la profession de distributeur. V. v° Afficheur, art. 4, note 3.
26.	**CRIS SÉDITIEUX** publiquement proférés. Art. 8 de la loi du 25 mars 1822.	Cour d'assises. Art⁵ 8 de la loi du 8 octobre 1830 ; 13 de la loi du 26 mai 1819 ; Bordeaux, 23 novem. 1832 ; D. 33-2-179 ; Cass. 15 nov. 1830. Bull. off. t. 35, p. 570.	Emprisonnement 6 jours à 2 ans. Amende 16 à 4,000 f. Art. 8 de la loi du 25 mars 1822.	Art. 463 applicable. Art. 14 de la loi du 25 mars 1822.	L'art. 5 § 1 de la loi du 17 mai 1819, qui considérait les cris séditieux comme *provocation au délit*, a été abrogé par l'art. 8 de la loi du 25 mars 1822 ; les cris séditieux constituent aujourd'hui un délit spécial.
27.	**CRITIQUE** ou **CENSURE** du Gouvernement, d'une Loi, d'une Ordonn⁶⁶ royale ou de tout autre acte de l'autorité publique, dans un discours prononcé par les Ministres des cultes dans l'exercice de leur ministère, et en assemblée publique. Art. 201 cod. pén.	Cour d'assises. Art⁵ 6 et 7 § 2 de la loi du 8 oct. 1830 ; Cass. 21 mai 1835. Bullet. off. t. 40, p. 240.	Emprisonnement 3 mois à 2 ans. Art. 201 cod. pén.	Art. 463 applicable. V. cet art.	V. Au mot Provocation, art⁵ 85, 86 et 87. 1. Il ne suffirait pas pour que l'art. 201 du cod. pén. pût recevoir son application que le Ministre du culte eût prononcé son discours *dans un lieu public et hors l'exercice de ses fonctions ;* mais, d'autre part, il n'est point nécessaire qu'il l'ait prononcé dans un *édifice consacré au culte.* Carnot t. 1, p. 513. 2. Le Ministre d'un culte n'est pas Fonctionnaire public ; il peut être poursuivi sans l'autorisation du Conseil d'état pour les délits commis dans l'exercice de ses fonctions. Cass. 23 juin 1831, Jurisp. crim. 1831, p. 189. S. 1831-1-126. D. 31-1-248. Pal. t. 3 de 1831, p. 301. Cass. 9 septembre 1831. S. 31-1-353. D. 31-1-309. Jurisp. crim. 1831, p. 346. Cass. 3 novembre 1831. S. 32-1-306. D. 32-1-37. Bull. off. t. 36, p. 478. Cass. 25 nov. 1831. S. 32-1-306. D. 32-1-59. Bull. off. t. 36, p. 520. Cass. 23 décemb. 1831. Jurisp. crim. 1832, p. 305. Pal. t. 3 de 1832, p. 473. Grenoble, 3 mai 1831. Jurisp. crim. 1831, p. 357. 3. Les délits de Critique ou de Censure des actes du Gouvernement, comme le délit d'Offense au Roi, et comme tous les

NUMÉRO D'ORDRE.	QUALIFICATION des CRIMES, DÉLITS ET CONTRAVENTIONS.	COMPÉTENCE.	PEINES ENCOURUES.	APPLICABILITÉ de l'art. 463 du Cod. pén. ou cas dans lesquels il est permis aux Juges d'abaisser la peine par l'admission des circonstances atténuantes.	OBSERVATIONS.
					délits politiques, ne rentrent pas dans les cas d'Abus pour lesquels il est nécessaire de se pourvoir de l'autorisation du Conseil d'état. Arrêts ci-dessus cités des 3 mai, 22 juin, 9 septembre, 3 et 25 novembre et 23 décembre 1831. 4. Il faudrait décider tout autrement si le Ministre du culte avait diffamé un particulier, en chaire; ce serait là un cas d'Abus spécialement prévu par l'art. 6 de la loi du 18 germinal an 10. Cass. 25 août 1827. Pal. t. 1 de 1828, p. 312. Cass. 18 février 1836. Pal. t. 1 de 1836, p. 525. Jurisp. crim. 1836, p. 279. Cass. 28 mai 1828. Pal. t. 3 de 1828, p. 165. *Contrà* Observations, Jurisp. crim. 1836, p. 279.
28.	CRITIQUE ou CENSURE par un Ministre du culte, soit du Gouvernement, soit de tout acte de l'autorité publique, dans un écrit publié, contenant des instructions pastorales, en quelque forme que ce soit. art. 204 du cod. pén.	Cour d'assises. Art. 6 et 7 de la loi du 8 octob. 1830; 231 c. d'inst. crim.	Bannissement 5 ans à 10 ans. Art. 204-32-28-34-36 et 48 c. p.	Art. 463 applicable. Vid. cet art.	V. Notes de l'article précédent.
29.	**D.** **DÉCLARATION.** Publication d'un journal ou écrit périodique soumis au cautionnement sans avoir fait préalablement une déclaration, accompagnée du dépôt des pièces justificatives et signée par chacun des propriétaires ou leurs fondés de pouvoir, contenant : 1º Le titre du journal ou écrit périodique et les époques auxquelles il doit paraître; 2º Le nom de tous les propriétaires autres que les commanditaires, leur demeure, leur part dans l'entreprise; 3º Le nom et la	»	La loi du 9 juin 1819, art. 6, punissait d'un Emprisonnement de 1 à 6 mois et d'une Amende de 200 à 1,200 f., l'absence de la déclaration qu'elle prescrivait dans son art. 1; mais la loi du 18 juillet 1828, qui abroge en cette partie celle du 9 juin, ne contient aucune disposition pénale. Tribunal de Paris, Gazette des Trib. du 30 déc. 1830, nº 2170, Par. p. 166. Cell. p. 66. Seulement le journal peut être saisi s'il vient à paraître.	»	V. ci-dessus au nº 14 quels sont les journaux soumis au cautionnement. — Pour les contestations qui peuvent s'élever sur la sincérité ou la régularité de la déclaration, V. à l'art. 32 ci-après. Les déclarations imposées aux propriétaires et gérans des journaux par l'art. 6 de la loi du 18 juillet 1828, doivent être faites, à Paris, au bureau de la Librairie, Ministère de l'Intérieur, et dans les départemens, au secrétariat de la Préfecture. Art. 7 de la loi du 18 juillet 1828, Ordonn. du 6 avr. 1831. Par., p. 45.

NUMÉRO D'ORDRE.	QUALIFICATION des CRIMES, DÉLITS ET CONTRAVENTIONS.	COMPÉTENCE.	PEINES ENCOURUES.	APPLICABILITÉ de l'art. 463 du Code pén., ou cas dans lesquels il est permis aux juges d'abaisser la peine par l'admission des circonstances atténuantes.	OBSERVATIONS.
	demeure des gérans responsables; 4° L'affirmation que ces propriétaires et gérans réunissent les conditions de capacité prescrites par la loi; 5° L'indication de l'imprimerie dans laquelle le journal ou écrit périodique devra être imprimé. Art. 6 §§ 1, 2, 3, 4, 5 et 6 et art. 7 de la loi du 18 juillet 1828.				
30.	**DÉCLARATION.** Publication d'un journal ou écrit périodique excepté du cautionnement, sans avoir fait préalablement une déclaration, accompagnée du dépôt des pièces justificatives et signée par chacun des propriétaires ou leurs fondés de pouvoir, contenant : 1° Le titre du journal ou écrit périodique et les époques auxquelles il doit paraître; 2° Le nom de tous les propriétaires autres que les commanditaires, leur demeure, leur part dans l'entreprise; 3° L'indication de l'imprimerie dans laquelle le journal ou écrit périodique doit être imprimé. Art. 6 § 11 et art. 7 de la loi du 18 juillet 1828.	»	La loi du 9 juin 1819, art. 6, punissait d'un Emprisonnement de 1 à 6 mois et d'une Amende de 200 à 1,200 f., l'absence de la déclaration qu'elle prescrivait dans son art. 1; mais loi du 18 juillet 1828, qui abroge en cette partie celle du 9 juin 1819, ne contient aucune disposition pénale. Dijon, 31 mai 1831. D. 33-2-255. Jurisp. crim. 1831, p. 202. Par. p. 166. Cell. p. 66. Seulement le journal peut être saisi s'il vient à paraître.	»	V. ci-dessus au n° 14 quels sont les journaux exceptés du cautionnement. — Quant aux lieux où la déclaration doit être faite et aux contestations qui peuvent s'élever sur la sincérité ou la régularité de la déclaration, V. les art° 29 et 32.
	DÉCLARATION. Négligence par les gérans responsables de faire, dans quinze jours, devant l'autorité compétente, la déclaration accompagnée du dépôt des pièces justificatives et signée par chacun d'eux ou leurs fondés de pouvoir, des mutations qui surviennent,	Tribunal correctionl. Argum. de l'art. 4 de la loi du 8 oct. 1830; Discus.	Amende 500 f. Art. 6 §§ 7 et 8 de la loi du 18 juillet 1828.	Art. 463 non applicable. V. cet art.	V. les notes des n° 29 et 32 ci-dessus, sur le lieu où la déclaration doit être faite et sur les contestations qui peuvent s'élever quant à la régularité ou la sincérité de la déclaration. — V. sur les journaux qui doivent avoir des gérans responsables la note 3 de l'art. 42 ci-après. L'art. 6 de la loi du 18 juillet 1818 n'entend parler que des mutations opérées par le fait de l'homme et non de celles opérées par le fait d'une loi subséquente. Cass. 24 septembre 1831. Jurisp. crim. 1831, p. 313.

NUMÉRO D'ORDRE.	QUALIFICATION des CRIMES, DÉLITS ET CONTRAVENTIONS.	COMPÉTENCE.	PEINES ENCOURUES.	APPLICABILITÉ de l'art. 463 du Cod. pén. ou cas dans lesquels il est permis aux Juges d'abaisser la peine par l'admission des circonstances atténuantes.	OBSERVATIONS.
31.	soit dans le titre du journal, ou dans les conditions de sa périodicité, soit parmi les propriétaires ou les gérans responsables. Ou de faire, dans le même délai, devant la même Autorité, une déclaration accompagnée du dépôt des pièces justificatives et signée par chacun d'eux ou leurs fondés de pouvoir, si le journal ou l'écrit périodique vient à être imprimé dans une autre imprimerie que celle qui a été originairement déclarée. Art. 6 §§ 7 et 8 et art. 7 de la loi du 18 juillet 1828.	à la Ch. des Députés, séances des 1 et 4 oct. 1830.			
32.	**DÉCLARATION.** Fausseté et fraude, en quelques-unes de leurs parties, des déclarations ci-dessus. Art. 11 de la loi du 18 juil. 1828.	Tribunal civil. Discuss. de la loi du 18 juillet 1818, séance du 16 juin; Orléans 18 juil. 1836. Journ¹ le Droit du 28, n° 228. Par. p. 169. Cell. p. 67. Garn. (p. 86 et 88 2e sup.), distingue si l'administration a refusé d'accueillir la déclaration, et dans ce cas il pense que le Trib. civil doit être appelé à statuer sur la contestation, si au contraire, la déclaration au-rait été admi	Cessation du journal. Amende au minimum d'une somme égale au dixième du cautionnement et au maximum d'une somme égale à la moitié. Art. 11 de la loi du 18 juil. 1828.	Art. 463 non applicable. V. cet art.	1. Une déclaration fausse et frauduleuse ne suffirait pas pour donner lieu à l'application de l'amende, il faut encore qu'à la faveur de cette déclaration, le journal ait été publié. Discussion à la Ch. des Députés, séance du 16 juin 1828. Par. p. 169. 2. En cas de contestations sur la régularité ou la sincérité de la déclaration prescrite par l'art. 9 de la loi du 18 juillet et des pièces à l'appui, il est statué par les Tribunaux, à la diligence des Préfets, sur mémoires sommaires et sans frais, la partie ou son défenseur et le Ministre public entendus. — Si le journal n'a pas encore paru, il sera sursis à sa publication jusques au jugement à intervenir, lequel sera exécutoire nonobstant appel. Art. 10 de la loi du 18 juillet 1828. — Il n'est pas nécessaire dans la contestation dont il vient d'être parlé d'avoir recours au ministère d'un Avoué. V. Garnier, p. 86, 2e suppl.

NUMÉRO D'ORDRE.	QUALIFICATION des CRIMES, DÉLITS ET CONTRAVENTIONS.	COMPÉTENCE.	PEINES ENCOURUES.	APPLICABILITÉ de l'art. 463 du Cod. pén. ou cas dans lesquels il est permis aux juges d'abaisser la peine par l'admission des circonstances atténuantes.	OBSERVATIONS.
	se et qu'elle fut susceptible d'être reconnue fausse et frauduleuse, ce serait le Tribunal correctionl qui devrait prononcer les peines établies par la loi.				
33.	**DÉPOT** au moment de la publication, au parquet du Procureur du Roi du lieu de l'impression, et à la Mairie dans les villes où il n'y a pas de Tribunal de première instance, de l'exemplaire du journal signé pour minute. (Défaut de..... Art. 8 § 2 de la loi du 18 juillet 1828.	Tribunal correctionl. Argum. de l'art. 4 de la loi du 8 oct. 1830; Discus. à la Ch. des Députés, séances des 1 et 4 de la loi du 8 oct. 1830.	Amende 500 f. Art. 8 § 2 de la loi du 18 juillet 1828.	Art. 463 non applicable. V. cet art.	V. au mot Signature, n° 101. 1. Il est donné récépissé du dépôt. Art. 8 § 2 de la loi du 18 juillet 1828. 2. L'art. 8 de la loi du 18 juillet n'a pas abrogé l'art. 5 § dernier de la loi du 9 juin 1819 qui porte que la formalité du dépôt ne peut retarder ni suspendre le départ ou la distribution du journal ou écrit périodique. 3. L'obligation de déposer au parquet un exemplaire du journal signé en minute n'est point imposée aux journaux non politiques qui ne sont pas tenus d'avoir des gérans responsables. Dijon, 13 mai 1831. Jurisp. crim. 1831, p. 202. D. 31-2-265. V note 3 de l'Art. Gérans responsables, n° 42. 4. Sur la conformité de l'exemplaire déposé avec les exemplaires publiés, Vid. un arrêt de la Cour de cass. du 15 décemb. 1831. Bull. off. t. 39, p. 125.
34.	**DIFFAMATION**, par l'un des moyens énoncés en l'art. 1 de la loi du 17 mai 1819, envers les Ambassadeurs, Ministres Plénipotentiaires, Envoyés, Chargés d'affaires ou autres Agens Diplomatiques accrédités près du Roi. Art 17, 13 § 1 et 1 de la loi	Si la diffamation est écrite. Cour d'ass. Art. 1 de la loi du 8 oct. 1330; 13 de la loi du 26 mai 1819. Si la diffamation est verbale. Trib. cor1. Art. 2 de la	Emprisonnement 8 jours à 2 ans. Ensemble ou séparément, Amende 50 à 6,000 f. Interdiction, en tout ou en partie, des droits mentionnés en l'art. 42 du cod. pén. pendant un temps égal à la durée de l'emprisonnement. (Facultativement). Suppression ou destruction des objets saisis ou à saisir, en tout ou en partie, suivant qu'il y a lieu pour l'effet de la condamnation. Impression et affiche de l'arrêt (facultativement). Publication de l'arrêt dans le Moniteur. Arts 14 et 17 de la loi du 17 mai	Art. 463 non applicable. V. cet art.	V. aux Art suivans et au mot Injure, n° 55. 1. Sur les immunités accordées aux discours tenus dans le sein des Chambres, aux rapports imprimés par leur ordre, aux comptes fidèles de leurs séances rendus de bonne foi dans les journaux, aux discours prononcés et aux écrits produits devant les Tribunaux, ainsi que sur la répression dans le cas où ces discours, rapports et écrits contiennent quelques délits, Vid. la note A à la fin du vol. 2. Toute allégation ou imputation d'un fait qui porte atteinte à l'honneur et à la considération de la personne ou du corps auquel il est imputé, est une Diffamation. Art. 13 de la loi du 17 mai 1819. 3. Le mot *Diffamation* a été substitué par la loi du 17 mai 1819 à l'expression *Calomnie*, précédemment employé dans les dispositions pénales, par cette raison que le mot calomnie dans le sens vulgaire supposait la fausseté des faits imputés, tandis que la diffamation dénote seulement l'intention de nuire et le dommage causé. V. Exposé des motifs de la loi du 17 mai 1819.

4

NUMÉRO D'ORDRE.	QUALIFICATION des CRIMES, DÉLITS ET CONTRAVENTIONS.	COMPÉTENCE.	PEINES ENCOURUES.	APPLICABILITÉ de l'art. 463 du Code pén. ou cas dans lesquels il est permis aux Juges d'abaisser la peine par l'admission des circonstances atténuantes.	OBSERVATIONS.
	du 17 mai 1819.	loi du 8 oct. 1830; 14 de la loi du 26 mai 1819.	1819; 9 de la loi du 9 sept. 1835; 26 de la loi du 26 mai 1819. Si le délit a été commis par la voie d'un journal ou écrit périodique, l'amende sera de 100 à 12,000 f. Art. 10 de la loi du 9 juin 1819; 14 de la loi du 18 juillet 1828.		4. *Imputer* c'est affirmer, *Alléguer* c'est avancer sur la foi d'autrui, ou laisser à l'assertion l'ombre du doute : Tout ce qui touche à la Réputation touche à l'*Honneur*, et l'on peut sans blesser l'honneur, porter atteinte à la *Considération*. V. Rapport à la Ch. des Députés sur le projet de la loi du 17 mai. 5. L'art. 367 du cod. pén. punissait la calomnie commise dans un acte authentique et public ; aux termes de la loi du 17 mai, dont l'art. 26 abroge cet art. 367 du Cod. pén., l'authenticité de l'acte n'entraîne plus l'application des peines édictées contre le diffamateur; il faut trouver dans les faits la publicité telle que la définit l'art. 1 de cette loi. Cass. 27 août 1818. S. 18-1-406. D. Jurisp. gén. t. 11, p. 131. Arg. de Cass. du 7 mars 1823. Bull. off. t. 28, p. 90. Arg. de Cass. du 22 août 1828. Pal. t. 3 de 1828 , p. 590. D. 28-1-299. S. 28-1-537. Par. p. 87. V. note 7 ci-après. 6. Malgré l'abrogation de l'art. 367 du cod. pén., il est certain que l'on devrait encore admettre l'exception qui était prévue par le § 2 de cet article ; il n'y aurait pas diffamation si la loi autorisait la publicité des faits imputés, et si l'auteur de l'imputation était, par la nature de ses fonctions et de ses devoirs, obligé de les révéler ou de les réprimer. Par. p. 88. Cass. 1 juillet 1825. D. 25-1-416. S. 25-1-373. Bull. off. t. 30 , p. 349. (Dans cette espèce il s'agissait d'une action intentée contre des témoins à raison de leur déposition). 7. Les diffamations qui ne sont pas publiques, sont punies de peines de simple police, sans qu'il y ait lieu de s'enquérir contre quelles personnes elles ont eu lieu. (Art. 376 et 471 § 11 cod. pén.) Cass. 2 déc. 1819. S. 20-1-148. D. Jur. gén. t. 11, p. 104. Cass. 24 août 1821. Bull. off. t. 26, p. 385. Arg. de cass. du 7 mars 1823. Bull. off. t. 28, p. 90. Cass. 10 juillet 1831, cité par Par. p. 89. Bourg. t. 3, p. 571. Vid. les Art. 56 not. 4 ; 57 not. 2; 66 not. 2; 72 not. 1; 74 not. 3; et 77 not. 2. V. aussi la note 5 ci-dessus et les notes 5 et 6, au mot Attaque, n° 6. 8. La circonstance que la diffamation n'a été proférée qu'en répondant à une interpellation n'excuse pas. Cass. 4 nov. 1831. D. 31-1-255. S. 32-1-255. Jurisp. crim. 1833, p. 311. *Contrà.* Trib. de Paris du 23 janvier 1830, Gaz. des Trib. du 24, n° 1390. Vid. au mot Injure, n° 56 et 57, not. 3 et 4. 9. Excepté quelques cas extraordinaires dans lesquels les faits peuvent déterminer une dérogation à cette règle, la diffamation et l'injure sont toujours de droit réputées avoir été proférées dans l'intention de nuire. Cass. 15 mars 1821. D. Jurisp. gén. t. 11 , p. 123. Bull. off. t. 26 , p. 97. *Contrà.* Arg. de Riom du 8 nov. 1833, Jurisp. crim. 1834, p. 123. On peut citer comme exemple de ces cas exceptionnels , celui d'un Professeur de phrénologie qui impute publiquement quelque vice à la personne décédée dont il a examiné le crâne. Trib. de Paris du 8 novembre 1836 , Gaz. du 9 , n° 2479. 10. En matière de dénonciation calomnieuse, au contraire l'intention de nuire ne se présume point, il faut la prouver. Cass. 15 oct. 1816, D. Jurisp. gén. t. 11, p. 98. S. 17-1-19. Cass. 4 août

NUMÉRO D'ORDRE.	QUALIFICATION des CRIMES, DÉLITS ET CONTRAVENTIONS.	COMPÉTENCE.	PEINES ENCOURUES.	APPLICABILITÉ de l'art. 463 du Cod. pén. en cas dans lesquels il est permis aux Juges d'abaisser la peine par l'admission des circonstances atténuantes.	OBSERVATIONS.
					1817, Boll. off. t. 21, p. 217. Cass. 23 mars 1821, D. Jurisp. gén. t. 5, p. 26. S. 21-1-356. 11. Lorsque les Cours et Tribunaux ont déclaré un fait diffamatoire ou injurieux, il n'appartient pas à la Cour de Cassat. de revenir sur cette qualification. Fav. nouv. Rép. v° Injure, § 1, n° 9. Cass. 12 mai 1820, Boll. off. t. 25, p. 359. 12. Quant à la preuve des faits diffamatoires en général, Vid. les art° 20 et suiv. de la loi du 26 mai 1819, abrogés par l'art. 18 de la loi du 25 mars 1822, et remis en vigueur par l'art. 5 de la loi du 8 octobre 1830. V. aussi la note D. à la fin du vol. 13. La loi a voulu accorder aux Ambassadeurs et autres Agens diplomatiques diffamés une protection plus particulière qu'aux Fonctionnaires publics français, et il n'est pas nécessaire, à l'égard des premiers, que la diffamation ait lieu pour des faits relatifs aux fonctions qu'ils exercent. Disc. du Ministre de la justice à la Ch. des Députés, séance du 19 avril 1819. 14. Dans les cas de diffamation et d'injures contre tout Agent diplomatique accrédité près du Roi, la poursuite ne peut avoir lieu que sur la plainte de la partie qui se prétend lésée. Art° 5 de la loi du 26 mai 1819; 4 et 5 de la loi du 8 octobre 1830. V. aux Art° 18 not. 13; 21 not. 26; 34 not. 14; 35 not. 9 et 10; 36 not. 3 et suiv.; 37 not. 11 et suiv.; 50 not. 10; 56 not. 5; 57 not. 3; 62 not. 11; 68 not. 4; 69 not. 1; 72 not. 2; 74 not. 14, et 77 not. 7.
55.	**DIFFAMATION** ou **INJURE**, par l'un des moyens énoncés en l'art. 1 de la loi du 17 mai 1819, envers les Cours, les Tribunaux, Corps constitués, Autorités et Administrations publiques. Art° 5 de la loi du 25 mars 1822; 1 de la loi du 17 mai 1819.	Si la diffamation ou les injures ont eu lieu par écrit, Cour d'assises. Art° 1 de la loi du 8 oct. 1830; 15 de la loi du 25 mai 1819; Orléans 10 août 1836; Jurisp. crim. 1836 p. 226; Cass. 15 juillet 1836; Jurisp. crim. p. 216; Pal. t. 3 de 1836, p. 519.	Dans le cas d'injure; Emprisonnement 15 jours à 2 ans. Amende 150 à 5,000 f. Suppression ou destruction des objets saisis ou à saisir, en tout ou en partie, suivant qu'il y a lieu pour l'effet de la condamnation. Impression et affiche de l'arrêt (facultativement). Publication de l'arrêt dans le Moniteur. Art° 5 de la loi du 25 mars 1822; 26 de la loi du 26 mai 1819. Si les Tribunaux décident qu'il y a non simplement injure, mais diffamation. Emprisonnement 15 jours à 4 ans. Amende 150 à 10,000 f. Interdiction (facultative) en tout ou en partie des droits mentionnés en l'art. 42 du cod. pén. Suppression ou destructions des objets saisis ou à saisir, en tout ou	Art. 463 non applicable. V. cet art. Arg. de l'art. 14 de la loi du 25 mars 1822.	V. au mot Outrage, Art° 74, 75 et 77. 1. Les dispositions de l'art. 5 de la loi du 25 mars 1822 remplacent celles de l'art. 15 de la loi du 17 mai 1819 : l'amende a été augmentée et la pénalité a été étendue aux diffamations envers les *Autorités* et *Administrations publiques.* 2. Un Tribunal répressif, saisi d'une action en diffamation envers un Corps constitué, n'excède pas ses pouvoirs quand il recherche si les actes critiqués émanent véritablement de ce Corps, s'ils sont l'ouvrage d'une Réunion ou Corps reconnu par la loi. Cass. 28 avril 1816, Pal. t. 1 de 1817, p. 266. D. 16-1-354. Mais il est incompétent pour rechercher si le Corps était régulièrement composé. Même arrêt. 3. La Gendarmerie n'est pas un Corps constitué dans le sens de l'art. 5 de la loi du 25 mars 1822, Cass. 28 fév. 1830, Jurisp. crim. 1830, p. 192. D. 30-1-141. Poitiers 2 déc. 1829, Gaz. des Trib. du 28, n° 1368. V. au mot Outrage, n° 76, not. 5. 4. La Garde nationale n'est pas un Corps constitué. V. au mot Paix publique, n° 80, not. 7. 5. Les Avoués exerçant près un Tribunal de première instance ne forment pas un Corps constitué. Douai 1 mars 1831. (Cassé sous d'autres rapports), Jurisp. crim. 1831, p. 77. V. aux mots Diffamation et Outrage, n°° 37 et 77, not. 5 et 4. 6. Les Arbitres forcés constituent une juridiction reconnue par la loi; la diffamation à leur égard ne peut être réputée commise envers de simples particuliers. Cass. 15 juillet 1836, Jur.

NUMÉRO D'ORDRE.	QUALIFICATION des CRIMES, DÉLITS ET CONTRAVENTIONS.	COMPÉTENCE.	PEINES ENCOURUES.	APPLICABILITÉ de l'art. 463 du Cod. pén. ou cas dans lesquels il est permis aux Juges d'abaisser la peine par l'admission des circonstances atténuantes.	OBSERVATIONS.
		Si elles ont été verbales. Tribun. correctionnel. Art. 2 de la loi du 8 oct. 1830; 14 de la loi du 26 mai 1819.	en partie, suivant qu'il y a lieu pour l'effet de la condamnation. Impression ou affiche de l'arrêt (facultativement). Publication de l'arrêt dans le Moniteur. Art. 5 de la loi du 25 mars 1822; 9 de la loi du 9 sept. 1835; 26 de la loi du 26 mai 1819. Si le délit a eu lieu par la voie d'un journal ou écrit périodique, l'amende sera pour le cas d'injure de 200 à 10,000 f., et pour celui de diffamation de 300 à 26,000 f. Art. 10 de la loi du 9 juin 1819; 14 de la loi du 18 juillet 1828; 12 de la loi du 9 sept. 1835.		crim. 1836, p. 217. Pal. t. 3 de 1838, p. 319. Rouen 4 mars 1837, Jurisp. crim. 1837, p. 59. Cass. 29 avril 1837, Gaz. des Tribunaux du 1 mai 1837, n° 3658. Arg. de Cass. 7 novembre 1830, Pal. t. 3 de 1830, p. 397 (qui refuse des honoraires aux Arbitres forcés sur le fondement qu'ils sont de véritables Juges. Arg. de Cass. du 7 mai 1817, Pal. t. 19, p. 422 (qui décide qu'ils peuvent être pris à partie.) 7. *Aliud*, quant aux Arbitres volontaires. Cass. 29 avril 1837 ci-dessus. 8. *Aliud* aussi, pour les Arbitres forcés autorisés à juger comme amiables compositeurs. Cass. 29 avril 1837 ci-dessus. 9. Dans le cas de diffamation ou injure contre les Cours, Tribunaux ou autres Corps constitués (Autorités ou Administrations publiques. Par. p. 208, Cell. p. 41.) la poursuite ne peut avoir lieu qu'après une délibération de ces Corps prise en assemblée générale et requérant les poursuites. Art. 4 de la loi du 26 mai 1819, abrogé par l'art. 17 de la loi du 25 mars 1822, et remis en vigueur par les art. 4 et 5 de la loi du 8 octobre 1830. Par. p. 209. Paris 14 mars 1831, Jurisp. crim. 1831, p. 72. *Contrà*, motifs d'un arrêt de Cass. du 29 avril 1831, Jurisp. crim. 1831, p. 278. Pal. t. 1 de 1832, p. 21 (désavoué plus tard au Bull. off. t. 36, p. 314). V. Art. 35, not. 14. 10. Un chef d'administration publique a qualité pour rendre plainte des diffamations et injures contre ses agens, lorsqu'ils ne sont pas nommés personnellement. Cass. 16 juin 1832 (Préfet de police) Jurisp. crim. 1832, p. 316. D. 33-1-86. S. 32-1-856.
36.	**DIFFAMATION**, par l'un des moyens énoncés en l'art. 1 de la loi du 17 mai 1819, envers tout dépositaire ou agent de l'autorité publique, pour des faits relatifs à ses fonctions. Art. 16, 13 §1 et 1 de la loi du 17 mai 1819.	Si la diffamation a eu lieu par écrit. Cour d'assises. Art. 1 de la loi du 8 oct. 1830; 13 de la loi du 26 mai 1819. Si la diffamation a été verbale. Tribun. correctionnel. Art. 2 de la loi du 8 oct. 1830; 14 de...	Emprisonnement 8 jours à 2 ans. Ensemble ou séparément, Amende de 50 à 6,000 f. Suppression ou destruction des objets saisis ou à saisir, en tout ou en partie, suivant qu'il y a lieu pour l'effet de la condamnation. Impression et affiche de l'arrêt (facultativement) Publication de l'arrêt dans le Moniteur. Interdiction en tout ou en partie des droits mentionnés en l'art. 42 du cod. pén. (facultativement). Art. 14 et 16 de la loi du 17 mai 1819; 35 de la loi du 9 septembre 1835; 26 de la loi du 26 mai 1819.	Art. 463 non applicable. V. cet art.	V. aux mots Injure, Art. 56, et Outrage, Art. 77. 1. Les art. 16 et 19 de la loi du 17 mai 1819, abrogés en ce qui concerne les Fonctionnaires publics, par l'art. 6 de la loi du 25 mars 1822 (qui, au délit de diffamation et d'injure commis à leur égard a substitué le délit d'Outrage, V. art. 77) continuent cependant à recevoir leur application pour les diffamations et injures à l'égard des agens de l'autorité publique qui ne peuvent être considérés comme fonctionnaires publics ; Par exemple, les Gardes nationaux, les Sergens-de-ville, les Appariteurs ou Agens de police. Cass. 5 août 1831, Jurisp. crim. 1831, p. 342. Bull. off. t. 36, p. 314 ; Cass. 24 février 1832, D. 32-1-390. S. 32-1-541. Bull. off. t. 37, p. 109, Cass. 17 mai 1832, D. 32-1-313. Bull. off. t. 37, p. 263. Cass. 16 juin 1832, D. 33-1-86. S. 32-1-856. Jurisp. crim. 1832, p. 316. Cass. 25 fév. 1828. D. 28-1-135. Bull. off. t. 33, p. 90, Cass. 28 av. 1829. D. 29-1-350. S. 30-1-157. Jurisp. crim. 1829, p. 338. Cass. 9 mars 1833. D. 33-1-258. S. 33-1-608. Bull. off. t. 38, p. 126. Par. p. 92. Si la Garde nationale a été outragée dans l'exercice de ses fonctions, Vid. au mot Outrage, Art. 76, not. 4. — Si elle a été diffamée hors et non à raison de ses fonctions, Vid. au mot Paix publique, Art. 80 not. 7. — V. aussi la note 4 de l'art. précédent. Si les Appariteurs et Agens de police ne sont pas diffamés en leur qualité d'Agens de l'autorité publique, mais en celle d'A-

NUMÉRO D'ORDRE.	QUALIFICATION des CRIMES, DÉLITS ET CONTRAVENTIONS.	COMPÉTENCE.	PEINES ENCOURUES.	APPLICABILITÉ de l'art. 463 du Cod. pén. ou cas dans lesquels il est permis aux Juges d'abaisser la peine par l'admission des circonstances atténuantes.	OBSERVATIONS.
		la loi du 26 mai 1819 ; Par. p. 238 ; A. Dall. dict. v° Presse, n° 598 ; Cass. 11 av. 1822. D. Jurisp. gén. t. 11, p. 100. Pal. t. 2 de 1823, p. 455. S. 22-1-372 ; Cassation 16 mars 1832. Bull. off. t. 37, p. 146 ; Cass. 18 avril 1823. Bullet. off. t. 28, p. 169.	Si le délit a été commis par la voie d'un journal ou écrit périodique, l'amende sera de 100 à 12,000 f. Art. 10 de la loi du 9 septembre 1819 ; 14 de la loi du 18 juillet 1828.		gens de la force publique, Vid. au mot Outrage, Art. 76 not. 10. 2. Lorsque des imputations diffamatoires ont été adressées à une collection d'hommes, par exemple, aux Gendarmes d'une telle ville, les individus composant cette réunion ont qualité pour agir en leur nom direct et personnel. Cass. 23 févr. 1830. Jurisp. crim. 1830, p. 192. Dall. 30-1-141. 3. La poursuite pour diffamation ou injure contre tout dépositaire ou agent de l'autorité publique ne peut avoir lieu que sur la plainte de la partie qui se prétend lésée. Art. 5 de la loi du 26 mai 1819, abrogé par l'art. 17 de la loi du 25 mars 1822, remis en vigueur par les articles 4 et 5 de la loi du 8 oct. 1830. V. not. 14, Art. 34. 4. Les plaintes que doivent porter tout dépositaire ou agent de l'autorité publique et tout particulier, ne sont soumises à aucune forme particulière. Cass. 23 fév. 1832. Jurisp. crim. 1832, p. 45. Dall. 32-1-256. S. 32-1-622. *Contra*, Bourges, 22 avril 1831. Jurisp. crim. 1831, p. 333. La rédaction d'un procès-verbal et l'envoi au Procureur du Roi peuvent constituer la plainte. Cass. 23 fév. 1832 ci-dessus. 5. Le Ministère public peut continuer à agir, quoique la plainte soit retirée. Par. p. 222. Bastia, Gaz. des Tribunaux du 1 oct. 1830, n° 982. *Contra*, Trib. de Troyes du 7 mai 1828, Gaz. des Trib. des 16 et 17 mai, n° 866. 6. Le Ministère public peut appeler sans nouvelle plainte du Fonctionnaire ou du particulier diffamé ou injurié. Cass. 13 av. 1820, Pal. t. 22, p. 343. D. Jurisp. gén. t. 11, p. 108. S. 20-1-164. Cass. 29 août 1835, indiqué par Par. suppl. p. 474.
37.	**DIFFAMATION**, par l'un des moyens énoncés en l'art. 1 de la loi du 17 mai 1819, envers les particuliers. Art. 18, 13 § 1 et art. 1 de la loi du 17 mai 1819.	Tribunal correction'l. Art. 4 de la loi du 8 octobre 1830 ; 14 de la loi du 26 mai 1819 ; Cass. 25 juin 1831. D. 31-1-275. Pal. t. 1 de 1832, p. 121 ; Cass. 29 avril 1837. Gaz. des Tribun. des 1 et 2 mai 1837, n° 3625.	Emprisonnement 5 jours à 2 ans. Ensemble ou séparément, Amende de 25 à 4,000 f. Interdiction de tout ou partie des droits mentionnés en l'art. 42 du cod. pén. (facultativement). Art. 14 et 18 de la loi du 17 mai 1819 ; 9 de la loi du 9 sept. 1835. Si le délit a eu lieu par la voie d'un journal ou écrit périodique, l'amende sera de 50 à 8,000 f. Art. 10 de la loi du 9 juin 1819 ; 14 de la loi du 18 juillet 1828.	Art. 463 non applicable. V. cet art. Cass. 5 juin 1829. Jurisp. crim. 1829, p. 285. Pal. t. 1 de 1830, p. 526.	V. au mot Diffamation ci-dessus et au mot Injure, n° 57. 1. Sur la Dénonciation calomnieuse (qui n'étant pas commise publiquement n'a pas dû trouver place dans notre Recueil), Vid. les art. 373 et 374 du cod. pén.; Merlin Rép. v° Dénonciateur, n° 3; Dall. t. 5, p. 9 et suiv.; Carnot et Bourguignon, art. 373. V. aussi not. 10 de l'art. 34 ci-dessus. 2. En fait de diffamation il est nécessaire que le public ne puisse se méprendre sur la personne désignée. Paris, 12 oct. 1831. Jurisp. crim. 1831, p. 275. *Contra*, Observat. de Chauveau, ibid. 3. Le Fonctionnaire diffamé comme Fonctionnaire et comme particulier, peut poursuivre la répression du dernier délit, en abandonnant le premier. Cass. 15 fév. 1824. Dall. 34-1-289. S. 34-1-79. Pal. 2 de 1834, p. 34. Par. p. 337. 4. On ne peut réputer simples particuliers, le Médecin et l'Élève interne attachés à un hôpital. Orléans, 16 août 1836. Jurisp. crim. 1836, p. 227. 5. Les Avoués doivent être rangés dans la classe des particuliers. Paris, 23 juin 1836. Jurisp. crim. 1836, p. 213. Paris, 19 nov. 1836, Gaz. des Trib. du 20, n° 3480. V. Art. 35 note 5 et 77 not. 4.

NUMÉRO D'ORDRE.	QUALIFICATION des CRIMES, DÉLITS ET CONTRAVENTIONS.	COMPÉTENCE.	PEINES ENCOURUES.	APPLICABILITÉ de l'art. 463 du Cod. pén. ou cas dans lesquels il est permis aux juges d'abaisser la peine par l'admission des circonstances atténuantes.	OBSERVATIONS.
					6. Même décision pour les Notaires. Paris 23 juin 1836. Jurisp. crim. 1836, p. 214. Autre arrêt du même jour, ibid. V. note 3 de l'art. 76 ci-après. 7. Pour les diffamations commises envers un particulier par un Ministre du culte, Vid. au mot Critique Art. 27, not. 4. 8. Le décès de la partie diffamée ne fait pas obstacle au jugement de la diffamation. Cass. 21 mai 1836, Jurisp. crim. 1836, p. 365. 9. L'imputation de faits diffamatoires à une personne décédée peut être punie sur la poursuite des héritiers ou représentans. Cass. 9 juillet 1836 (lorsque les faits sont de nature à porter atteinte à leur honneur et à leur considération). Pal. t. 2 de 1836, p. 590. Motifs d'un jugement de Paris du 8 novembre 1836, Gaz. des Trib. du 9, n° 2479. Garnier, Code de la Presse, n° 98. V. note 2 au mot Offense, n° 67. *Contrà*, Tribunal de Paris du 19 avril 1826, Affaire de La Chalotais, Gaz. des Tribunaux, n° 50. 10. La diffamation commise en France par un Étranger qui y réside, contre un autre Étranger, même non résidant, peut être punie en France. Cass. 22 juin 1836. Dall. 26-1-387. Pal. t. 3 de 1826, p. 555. 11. La diffamation contre tout particulier ne peut être poursuivie que sur la plainte de la partie lésée. Art. 5 de la loi du 26 mai 1819, et 5 de la loi du 8 octobre 1830. V. not. 1 de l'Art. 34 ci-dessus. 12. Celui qui se prétend lésé n'est pas obligé de porter plainte; il peut citer directement à l'audience. Cass. 25 février 1830, Dall. 30-1-149. Jurisp. crim. 1830, p. 197. A. B. dict. Presse, art. 545 et 546. L'usage est d'ailleurs constant. 13. L'action en réparation intentée par la personne injuriée passe à ses enfans, encore qu'ils ne fussent pas nés à l'époque de la diffamation. Montpellier, 22 déc. 1825. Dall. 36-2-72. 14. Un père a qualité pour agir dans le cas d'imputations calomnieuses à sa fille majeure habitant avec lui. Liège, 24 mai 1823. D. 23-2-934. 15. Un mari a qualité pour demander réparation des injures adressées à sa femme, si ces injures intéressent son propre honneur. Cass. 14 germinal an 13, Dall. 2-934. Pal. t. 6, p. 61.
58.	**E.** **ENSEIGNEMENT PUBLIC,** Ouverture ou Tenue d'une École supérieure ou primaire, sans avoir satisfait aux conditions exigées par la loi. Art. 56 du Décret du 15 novem-	Tribunal correctionnel, Dans les 2 premiers cas énumérés en la colonne 4. Art. 56 du	En cas d'enseignement supérieur donné à des Garçons. Amende 100 à 3,000 f. Fermeture de l'école. Art. 54 et 56 du Décret du 15	Art. 463 non applicable. V. cet art.	1. Sur la force exécutoire des Décrets des 17 mars et 17 septembre 1808 et 15 novembre 1811, Vid. Cour des Pairs, 20 sept. 1831, Jurisp. crim. 1831, p. 264. Pal. t. 1 de 1833, p. 477. Paris, 28 juin 1831 et 5 mars 1833. Jurisp. crim. 1831, p. 210. Pal. t. 1 de 1833, p. 273, et t. 1 de 1833, p. 336, Aix, 5 juillet 1832. Pal. t. 1 de 1833, p. 478. D. 32-2-152. *Contrà*, Jugement du Tribunal de Béziers du 21 juillet 1831. Jurisp. crim. 1831, p. 267. 2. Les peines portées par la loi doivent être prononcées contre

NUMÉRO D'ORDRE.	QUALIFICATION des CRIMES, DÉLITS ET CONTRAVENTIONS.	conférence.	PEINES ENCOURUES.	APPLICABILITÉ de l'art. 463 du Code pénal, cas dans lesquels il est permis aux juges d'abaisser la peine par l'admission des circonstances atténuantes.	OBSERVATIONS.
	1811; 5, 3 et 4 de la loi du 28 juin 1833.	Décret du 15 novem. 1811; 6 de la loi du 28 juin 1833. Tribunal de simple police dans le cas d'ouverture d'une école de filles. Art. 139 c. d'inst. crim.; Cass. 20 juil. 1833. Jurisp. crim. 1833, p. 313. D. 33-1-335.	novembre 1811. En cas d'ouverture d'une école primaire de Garçons. Amende 50 à 200 f. Fermeture de l'école. Art. 6 de la loi du 26 juin 1833. En cas d'enseignement supérieur ou d'ouverture d'une école primaire de filles, Emprisonnement 1 à 3 jours. Amende 1 à 3 jours de travail. Art. 600 et 606 du code du 3 brumaire an 4; Art. 5 de l'ordonnance du 31 octobre 1821; Cass. 24 nov. 1832. Jurisp. crim. 1833, p. 100. D. 33-1-87. Cass. 20 juil. 1833. Jurisp. crim. 1833, p. 313. D. 33-1-335. *Contrà*, Garnier, p. 1105.		celui qui les a encourues, bien qu'il n'y ait point d'autre instituteur dans le hameau de sa résidence. Cass. 4 juin 1829, Jurisp. crim. 1829, p. 360. 3. Elles doivent l'être sans préjudice des poursuites qui pourraient avoir lieu pour crimes, délits et contraventions prévus par les lois, notamment des peines encourues pour inconduite ou immoralité et pour avoir dirigé l'enseignement d'une manière contraire à l'ordre et à l'intérêt public. Art. 56 du décret du 15 novembre 1811; 7 de la loi du 28 juin 1833. ÉCOLES PRIMAIRES DE GARÇONS. 4. Pour pouvoir ouvrir une école primaire de Garçons, il faut: 1° être âgé de 18 ans accomplis; 2° présenter au Maire un brevet de capacité obtenu, après examen, suivant le degré de l'école que l'on veut établir, et un certificat constatant que l'on est digne par sa moralité de se livrer à l'enseignement, délivré, sur l'attestation de trois Conseillers municipaux, par le Maire de la commune ou de chacune des communes où on a résidé depuis trois ans, visé et légalisé par le Recteur, et 3° n'avoir été condamné ni à des peines afflictives ou infamantes, ni pour vol, escroquerie, banqueroute, abus de confiance ou attentat aux mœurs, ou n'avoir pas été privé par jugement de tout ou partie des droits de famille mentionnés en l'art. 42 du cod. pén. Art. 45 et 46 de la loi du 28 juin 1833. Av. du Conseil, du 4 février 1834; Douai 15 mai 1835. Pal. t. 3 de 1835, p. 290. Cass. 23 novembre 1835. Jurisp. crim. 1836, p. 381. Pal. t. 2 de 1836, p. 117. Cass. sect. réunies, 1 juil. 1830. Pal. t. 3 de 1836, p. 405. Paris 23 novembre 1836. Pal. t. 3 de 1836, p. 406. 5. Est considérée comme école primaire, toute réunion habituelle d'enfans de différentes familles, ayant pour but l'étude de tout ou partie des objets compris dans l'enseignement primaire. Ordonn. du 16 juillet 1833, art. 17. 6. Un Curé qui veut tenir une école primaire, doit remplir les conditions légales. Av. du Conseil du 29 mai 1834. 7. Mais un Curé n'est pas censé tenir une école, s'il donne à deux ou trois enfans l'éducation primaire. Av. du Conseil du 29 mai 1834. 8. La loi du 28 juin 1833 est applicable aux écoles primaires ouvertes dans les hospices. Décis. du Conseil du 26 juillet 1833. 9. Le fait d'avoir tenu une école primaire ne serait pas excusé par cette circonstance, que le maître n'aurait reçu que ses petits-enfans et les fils de ses proches parens. Cass. 24 septembre 1835. Pal. t. 1 de 1836, p. 523. 10. La bonne foi n'excuse pas non plus celui qui ouvre une école primaire en contravention à la loi. Motifs d'un arrêt de Cass. 4 juin 1829. Dall. 29-1-261. Jurisp. crim. 1829, p. 360. Cass. 19 mars 1832. Jurisp. crim. 1832, p. 81. Dall. 32-1-416. (rendu sous l'empire de l'ordonnance du 29 février 1816, qui proscrivait dans son art. 13, certaines formalités dont l'inobservation rendait passible des peines portées par l'article 56 du décret du 15 novembre 1811.) Cass. 22 avril 1837. Gaz. des tribunaux du 17 mai, n° 3645. V. Art. 21 not. 21; 42 not. 4; 52 not. 11; 53 not. 12; 62 not. 10, et 81 not. 3.

NUMÉRO D'ORDRE.	QUALIFICATION des CRIMES, DÉLITS ET CONTRAVENTIONS.	COMPÉTENCE.	PEINES ENCOURUES.	APPLICABILITÉ de l'art. 463 du Cod. pén. ou cas dans lesquels il est permis aux Juges d'abaisser la peine par l'admission des circonstances atténuantes.	OBSERVATIONS.
					11. Une condamnation pour ouverture d'une école clandestine ne prive pas l'instituteur du droit de tenir plus tard une école, en se conformant à la loi. Avis du Conseil du 8 avril 1834. Voir, au surplus, la loi du 28 juin 1833, et les ordonnances des 16 juillet et 8 novembre 1833 et 26 février 1835. **ÉCOLES SUPÉRIEURES DE GARÇONS.** 12. Pour pouvoir tenir une école publique supérieure, il est nécessaire d'être pourvu d'une autorisation du Grand-Maître de l'Université. Arts 56 et 54 du décret du 15 novembre 1811. 13. Le mot *Enseignement public* n'est employé dans la loi que par opposition à l'*Enseignement domestique et privé*, et s'entend d'une réunion habituelle de jeunes gens de différentes familles, dans un local commun, pour se livrer à l'étude des lettres et des sciences : Ainsi la circonstance que l'école serait clandestine, ne détruirait pas le caractère de publicité résultant de la réunion d'écoliers de différentes familles, pour l'étude des sciences. Cass. 1 juin 1827. Dall. 27-1-262. Pal. 1, 2 de 1828, p. 137. Autre arrêt du même jour, ibid. p. 138. Cass. 3 novembre 1827. Pal. 1. 2 de 1828, p. 224. D. 28-1-7. 14. Ainsi un individu pourrait être réputé tenir une école publique, malgré qu'il n'eût émis aucun prospectus, et qu'il n'eût apposé aucune enseigne ou écriteau indicatif de l'école. Mêmes arrêts du 1 juin et du 3 novembre 1827 ci-dessus. 15. La Cour de cassation a qualité pour déclarer qu'un enseignement est public, quoique le tribunal ait déclaré en fait qu'il ne l'était pas. Cass. 3 novembre 1827 ci-dessus. *Contrà*, Observ. D. ib. not. 3. 16. Le décret qui défend d'ouvrir une école sans autorisation, est applicable à un cours gratuit et libre d'individus de différens âges pour leur enseigner la lecture, l'écriture, le calcul et même le latin et le grec. Aix, 5 juillet 1832. D. 32-2-152. Pal. t. 1 de 1833, p. 478. 17. Il est applicable à une école de langues vivantes et de droit commercial. Lyon, 14 février 1832. Dall. 32-2-159. 18. Un Curé ou Desservant qui tient un établissement, dans lequel il admet plusieurs élèves, encourt les peines prononcées par le décret de 1811. (Aff. des Manécanteries.) Cass. 15 mars 1833, Jurisp. crim. 1833, p. 109. Pal. t. 2 de 1833, p. 522. Dall. 33-1-182. Cass. 7 mars 1834. Dall. 34-1-225. Cass. 18 décembre 1833. Jurisp. crim. 1833, p. 366. Dall. 34-1-68. Pal. t. 1 de 1834, p. 483. 19. Sans que cet Ecclésiastique puisse exciper du droit que lui confère l'art. 28 de l'ordonn. du 27 février 1821, de former jusques à trois jeunes gens pour les petits séminaires, après déclaration au Recteur de l'Académie. Même Arrêt du 15 mars 1833 ci-dessus. 20. Si le Curé qui se charge de former deux ou trois élèves, omet de faire la déclaration au Recteur, aucune peine ne lui est applicable. Cass. 31 mars 1832. Jurisp. crim. 1832, p. 186. 21. Un Instituteur ne peut être acquitté sur le fondement que le Recteur aurait manifesté l'intention de ne poursuivre que les

NUMÉRO D'ORDRE.	QUALIFICATION des CRIMES, DÉLITS ET CONTRAVENTIONS.	COMPÉTENCE.	PEINES ENCOURUES.	APPLICABILITÉ de l'art. 463 du Cod. pén. ou cas dans lesquels il est permis aux Juges d'abaisser la peine par l'admission des circonstances atténuantes.	OBSERVATIONS.

contraventions postérieures à l'ouverture de son école. Cette intention du Recteur ne peut enchaîner l'action du ministère public. Cass. 5 mars 1825. Dall. 25-1-263.

22. Le décret du 15 novembre 1811 ne s'applique pas à celui qui, en vertu du mandat d'une commission administrative des hospices, se livre, moyennant rétribution et sans autorisation de l'Université, à l'éducation des orphelins confiés à l'hospice des Enfans-Trouvés. Cass. 30 mars 1833. Jurisp. crim. 1833, p. 109. Dall. 33-1-184. Amiens, 23 juillet 1833. Dall. 34-2-144.

ÉCOLES PRIMAIRES DE FILLES.

23. La loi du 28 juin 1833 n'est pas applicable en son entier aux écoles de filles, qui demeurent régies par la législation antérieure et par l'ordonnance du 23 juin 1836. V. cette ordonnance.

24. Pour tenir une école primaire de filles, il faut avoir obtenu : 1° Un brevet de capacité et 2° une autorisation pour un lieu déterminé. Arts 4 et 11 de l'ordonnance du 23 juin 1836.

25. Les brevets sont délivrés après des épreuves soutenues devant une commission nommée par le Ministre de l'instruction publique, et conformément à un programme déterminé par le Conseil royal. Art. 5 ib. — Les postulantes doivent avoir vingt-un an au moins et présenter : 1° Leur acte de naissance, et si elles sont mariées, leur acte de mariage ; 2° Un certificat de bonnes vie et mœurs délivré, sur l'attestation de trois Conseillers municipaux, par le Maire de la Commune ou de chacune des Communes où elles auront résidé depuis trois ans. Art. 6. ib. et 3° si l'école primaire doit être communale, une expédition de la délibération du Conseil municipal qui fixe le sort de l'institutrice. Art. 11 § 2. ib. — Les institutrices appartenant à une congrégation religieuse dont les statuts, régulièrement approuvés, renferment l'obligation de se livrer à l'éducation de l'enfance, sont dispensées de l'obtention du brevet de capacité. Arts 4 et 13 ib.

26. L'autorisation pour tenir une école primaire de filles doit être délivrée par le Recteur de l'académie, après avis du comité local et du comité d'arrondissement, sur la présentation du brevet de capacité, et d'un certificat attestant la bonne conduite de la postulante depuis l'époque où elle a obtenu le brevet. Art. 7. ib. — Lorsqu'il s'agit des religieuses dont il a été déjà parlé, le Recteur peut donner l'autorisation, sur le vu des lettres d'obédience et sur l'indication par la supérieure de la commune où les sœurs sont appelées. Art. 13. ib. — L'autorisation de tenir école ne donne que le droit de recevoir des élèves externes, il faut, pour tenir pensionnat, une autorisation spéciale. Art. 8. ib.

27. Dans les lieux où il existe des écoles communales distinctes pour les enfans des deux sexes, il ne peut être permis à aucun instituteur d'admettre des filles, et à aucune institutrice d'admettre des garçons. Art. 12 ib. D'où l'on doit conclure qu'un instituteur communal n'est obligé de cesser d'instruire les jeunes filles de la commune, qu'autant que l'existence de deux écoles distinctes est assurée : la présence dans la commune d'une institutrice privée n'est pas suffisante pour le constituer en contravention. Av. du Conseil du 13 décembre 1833.

NUMÉRO D'ORDRE.	QUALIFICATION des CRIMES, DÉLITS ET CONTRAVENTIONS.	COMPÉTENCE.	PEINES ENCOURUES.	APPLICABILITÉ de l'art. 463 du Cod. pén. ou cas dans lesquels il est permis aux Juges d'abaisser la peine par l'admission des circonstances atténuantes.	OBSERVATIONS.
					28. Un règlement particulier du 19 octobre 1819 contient des dispositions spéciales sur les écoles primaires de Paris. Rendu. Cod. Universit. p. 800. V. aussi l'Art. 6 § 2 de l'Ordonn. du 23 juin. 29. Les écoles normales de filles sont assimilées aux écoles normales de garçons. Instr. du 13 juin 1828. Rendu, ib. p. 789. V. au surplus, les Ordonn. des 29 fév. 1816, 3 avril 1829, 31 octobre 1821, 8 avril 1824, 21 avril 1828, 6 janvier et 14 février 1830. ÉCOLES SUPÉRIEURES DE FILLES. 30. Les décrets des 17 mars 1808 et 15 novembre 1811 ne sont pas applicables aux écoles de filles. Cass. 24 novembre 1832. Dall. 33-1-87. Jurisp. crim. 1833, p. 110. 31. L'autorisation de tenir une école primaire supérieure ne peut être accordée, sans que la postulante justifie d'un brevet de capacité du degré supérieur, obtenu dans la forme et aux conditions prescrites par l'Ordonn. du 27 juin 1836. V. l'Art. 14 de l'Ordonn. et les notes 24, 25 et 26 ci-dessus. 32. Les Sous-Maîtresses doivent être pourvues de diplôme (aujourd'hui de brevets de capacité), même quand elles seraient filles ou parentes des directrices. Circul. du 19 juin 1820. 33. Il faut être âgée de 25 ans pour pouvoir diriger une maison d'éducation, et de 18 ans pour être sous-maîtresse. Circul. du 19 juin 1820.
59.	**EXCITATION**, par l'un des moyens énoncés en l'art. 1 de la loi du 17 mai 1819, à la haine et au mépris du Gouvernement du Roi. Art. 4 § 1 de la loi du 25 mars 1822; 1 de la loi du 17 mai 1819.	Cour d'assises. Art. 1 de la loi du 8 oct. 1830; 13 de la loi du 26 mai 1819.	Emprisonnem¹ 1 mois à 4 ans. Amende 50 à 5,000 f. Suppression ou destruction des objets saisis ou à saisir, en tout ou en partie, suivant qu'il y a lieu pour l'effet de la condamnation. Impression et affiche de l'arrêt (facultativement). Publication de l'arrêt dans le Moniteur. Art. 4 § 1 de la loi du 25 mars 1822; 26 de la loi du 26 mai 1819. Si le délit a été commis par la voie d'un journal ou écrit périodique, l'amende sera de 100 à 10,000 f. Art. 10 de la loi du 9 juin 1819; 14 de la loi du 18 juillet 1828; 13 de la loi du 25 mars 1822.	Art. 463 non applicable. V. cet art. Arg. de l'art. 14 de la loi du 25 mars 1822.	V. au mot Paix publique, n° 80. 1. La disposition de l'Art. 4 de la loi du 25 mars 1827 ne peut porter atteinte au droit de discussion et de censure des actes des Ministres. § 2 dudit Art. 4. 2. Par les mots *Gouvernement du Roi*, on doit entendre les Ministres agissant collectivement. Exposé des motifs et Discussion de la loi. Moniteur, 1822, p. 131-132. Paris 1 avril 1830. Jurisp. crim. 1830, p. 97. Cass. 27 mars 1830. Jurisp. crim. 1830, p. 101. Bull. off. t. 35, p. 83. 3. Un Pair de France qui, dans un discours rendu public et non prononcé d'ailleurs à la Chambre, a excité à la haine et au mépris du gouvernement du Roi, est punissable, quoique cet écrit ait pour objet de justifier son refus de serment. Arr. de la Cour des Pairs du 24 novembre 1830. Jurisp. crim. 1830, p. 300. Dall. 31-2-13. 4. Le Rédacteur d'un journal poursuivi à raison d'un article contenant un délit d'excitation à la haine et au mépris du gouvernement du Roi, ne peut être excusé sur le fondement que cet article aurait été extrait d'un autre journal non poursuivi. Cass. 2 octobre 1831. Jurisp. crim. 1831, p. 349. Sir. 31-1-385. Dall. Offic. t. 36, p. 460. Bordeaux, 25 janvier 1830. Jurisp. crim. 1831, p. 65. V. note 10 de l'Art. 6.

NUMÉRO D'ORDRE.	QUALIFICATION des CRIMES, DÉLITS ET CONTRAVENTIONS.	COMPÉTENCE.	PEINES ENCOURUES.	APPLICABILITÉ de l'art. 463 du Cod. pén. ou cas dans lesquels il est permis aux Juges d'abaisser la peine par l'admission des circonstances atténuantes.	OBSERVATIONS.
40.	**EXPOSITION** dans les lieux ou réunions publics, Distribution ou Mise en vente de tous signes ou symboles destinés à propager l'esprit de rébellion ou à troubler la paix publique. Art. 9 de la loi du 25 mars 1822.	Cour d'assises. Art. 1 de la loi du 8 oct. 1830 ; 13 de la loi du 26 mai 1819.	Emprisonnem.t 15 jours à 2 ans. Amende 100 à 4,000 f. Suppression ou destruction des objets saisis ou à saisir, en tout ou en partie, suivant qu'il y a lieu pour l'effet de la condamnation. Impression et affiche de l'arrêt (facultativement) Publication de l'arrêt dans le Moniteur. Art. 9 de la loi du 25 mars 1822 ; 26 de la loi du 26 mai 1819.	Art. 463 non applicable. V. cet art. Argum. de l'art. 14 de la loi du 25 mars 1822.	V. aux mots Paix publique , n° 80 et Publication , n° 31. 1. Pour que l'exposition d'emblêmes séditieux soit punissable , il faut qu'elle ait été faite dans une intention coupable. Cass. 16 janvier 1830. Jurisp. crim. 1830 , p. 39. 2. La mise en vente suffit pour constituer le délit prévu par l'art. 9 de la loi du 25 mars et il n'est pas nécessaire qu'elle ait eu lieu publiquement et d'une manière apparente. Cass. 16 août 1833. Dall. 33-1-321. Sir. 33-1-875. Par. p. 156. A. Dall. Dict. v° Presse , n° 99. 3. On ne peut comparer à l'exposition de gravures séditieuses, la mise en vente de gravures se rattachant aux actions d'un homme qui n'existe plus , mais dont la vie ne cesse d'être reproduite par les historiens , sans que des poursuites soient dirigées contre ces derniers. Toulouse du 25 nov. 1827. Dall. 28-1-74. Sir. 28-1-208. 4. L'Art. 9 de la loi de 1822 est applicable aux médailles séditieuses. Cour d'Ass. de la Seine du 22 mars 1822 , confirmé par la C. de cass. le 7 décembre 1832. Jurisp. crim. 1832 , p. 321. Pal. t. 2 de 1833 , p. 6. V. Art. 91 not. 8. *Contrà* , Observat. de Chauveau. Jurisp. crim. 1832 , p. 325. (D'après cet auteur, c'est l'art. 865 2 du Cod. pén. qu'on aurait dû appliquer.)
41.	**F.** **FAUX TÉMOIGNAGE** , soit contre l'accusé, soit en sa faveur. Art. 361, 362 et 363 cod. pén.	Cour d'assises. Art. 231 c. d'inst. crim.	Si le faux témoignage a été porté en matière criminelle ; Travaux forcés à perpétuité. Exposition publique. Confiscation de tout ce qu'a reçu le faux témoin. Art. 361 , 35, 16 , 18 , 22 et 364 cod. pén. Néanmoins si l'accusé a été condamné à une peine plus forte que celle des Travaux forcés , le faux témoin qui a déposé contre lui , subira la même peine. Art. 361 cod. pén. Si le faux témoignage a été porté en matière correctionnelle ou civile ; Réclusion 5 à 10 ans. Exposition publique (facultativement.) Art. 362, 363, 21, 22, 28, 34, 29 et 47 cod. pén.	Art. 463 applicable. Vid. cet art.	1. Le crime de faux témoignage consistant en une déposition mensongère faite *verbalement à l'audience* , nous avons dû en faire mention dans ce recueil , destiné à faire connaître tous les crimes , délits et contraventions commis , *publiquement*, à l'aide *de la parole.* 2. Il faut , pour qu'une peine puisse être prononcée , que le jury déclare que le faux témoignage a été porté *contre* ou *en faveur de l'accusé.* Cass. 19 novembre 1816. D. Jurisp. gén. t. 11, p. 610. Cass. 30 janvier , 19 juin et 4 juillet 1823. D. 22 , p. 611-614. Cass. 10 août 1827. Bull. off. t. 33 , p. 781. D. 27-1-158. Cass. 21 septembre 1827. Pal. t. 2 de 1828 , p. 257. D. 27-1-498. Cass. 4 janvier 1834. Jurisp. crim. 1834 , p. 79. D. 34-1-169. Cass. 25 fév. 1836. Jurisp. crim. 1836 , p. 107. D. Jurisp. gén. t. 12 , p. 605. Bourg. t. 3 , p. 336. 3. La fausse déposition devant un Officier de police judiciaire ne constitue pas le crime de faux témoignage. Cass. 19 messidor an 8, 3 thermidor an 11, 19 brumaire an 12 et 22 messidor an 13 , rapp. par Dall. t. 11 , p. 607-608 et par Merlin , Répert. v° Faux Témoignage , n° 3. Cass. 18 fév. 1813. Pal. t. 14 , p. 235. Cass. 26 avril 1816. Pal. t 19 , p. 346. Dall. t. 12 , p. 610. Cass. 14 septembre 1826. Pal. t. 3 de 1827 , p. 353. Cass. 30 septembre 1826. Dall. 27-1-21. Carnot t. 2 , p. 155. Bourg. t. 3 , p. 333. 4. Le refus de la part d'un témoin , de répondre aux interpellations qui lui sont adressées , ne peut constituer un faux témoignage, à moins que son silence et ses dénégations n'équivalent à l'expression d'un fait positif contraire à la vérité. Cass. 20 mai

NUMÉRO D'ORDRE.	QUALIFICATION des CRIMES, DÉLITS ET CONTRAVENTIONS.	COMPÉTENCE.	PEINES ENCOURUES.	APPLICABILITÉ de l'art. 463 du Code pén. ou cas dans lesquels il est permis aux Juges d'abaisser la peine par l'admission des circonstances atténuantes.	OBSERVATIONS.
			Si le faux témoignage a été porté en matière de simple police; Dégradation civique. Emprisonnement jusqu'à 5 ans (facultativement si le coupable est français). Art. 362, 34 et 35 cod. pén. Si le faux témoin en matière correctionnelle ou civile a reçu de l'argent, une récompense quelconque ou des promesses; Travaux forcés 5 à 20 ans. Exposition publique (facultativement). Confiscation de tout ce qu'a reçu le faux témoin. Art. 364, 15, 16, 19, 28, 34 et 47 cod. pén. Si c'est en matière de simple police; Réclusion 5 à 10 ans. Exposition publique (facultativement). Confiscation de tout ce qu'a reçu le faux témoin. Art. 364, 21, 22, 28, 34, 29 et 47 cod. pén. Si le serment a été déféré ou référé en matière civile et qu'il n'y ait eu faux serment; Dégradation civique. Emprisonnement jusques à 5 ans (facultativement si le coupable est français). Art. 365, 34 et 35 cod. pén.		1808. Dall. t. 12, p. 609. Dall. ibid. p. 606. Carnot t. 2, p. 154 et 158. Bourg. t. 3, p. 333-334. 5. Les peines prononcées par les articles 361 et suivans n'atteignent pas celui qui fait une déclaration mensongère dans sa propre cause. Cass. 22 pluviôse an 11, rapp. au Répert. v° Faux Témoignage, n° 1 et par Dall. t. 12, p. 606. Carnot t. 2, p. 159. 6. L'individu appelé aux débats, en vertu du pouvoir discrétionnaire du Président, n'est pas un témoin dans le sens de la loi et ne peut point se rendre coupable de faux témoignage. D. Jurisp. gén. t. 12, p. 606. Legrav. t. 1, p. 266. Bourg. t. 3, p. 334. *Contrà*, Carnot, t. 2, p. 160. 7. Celui qui se présenterait aux débats, sans y avoir été appelé, mais sous le nom d'un témoin cité, pourrait, en cas de déposition contraire à la vérité, être puni pour faux témoignage. Bourg. t. 3, p. 334. Dall. Jurisp. gén. t. 12, p. 605 et Arrêt qu'il cite du 17 ou 21 juin 1811. 8. Les peines d'un faux témoignage devraient être invoquées, quand même la fausseté de la déposition ne porterait pas sur le fait principal de l'accusation. Carnot et arrêt qu'il cite du 1 juillet 1808, t. 2, p. 158. 9. Celui qui dépose à faux sur la circonstance de sa parenté avec l'accusé, doit être puni comme faux témoin. Dall. t. 12, p. 605. *Contrà*, Carnot, art. 361. 10. Les Officiers de police qui ont fait la première instruction peuvent être cités comme témoins, et encourir, au cas de mensonge, les peines du faux témoignage. Carnot, t. 2, p. 159. 11. Même observation pour les Officiers de santé et les gens de l'art. Carnot ibid. 12. L'interprète qui traduirait infidèlement la déposition des témoins, ne pourrait être puni comme faux témoin : le crime dont il se rendrait coupable, est prévu par les Art. 166 et 167 du Cod. pén. Carnot ibid. 13. Le faux témoignage existe et doit être puni, quand même il ne s'ensuivrait pas de décision sur l'action principale. Cass. 16 mars 1838, Jurisp. crim. 1838, p. 243. 14. La tentative de faux témoignage est punie comme le crime lui-même. Carnot t. 2, p. 161. 15. La rétractation du témoin n'anéantirait pas l'acte criminel dont il se serait rendu coupable. Dall. t. 12, p. 605. Bourg. t. 3, p. 335. 16. Cependant il a été jugé que si le témoin, avant la clôture des débats, revenait à la vérité, on ne pourrait faire prononcer contre lui aucune peine. Cass. 4 juillet 1833. Jurisp. crim. 1833, p. 309. 17. Sur les conclusions de Merlin, la Cour de cass. a déclaré que les peines du faux témoignage devaient être appliquées au témoin qui était tombé en défaillance aussitôt après avoir émis une fausse déposition. Cass. 28 février 1811. Rép. v° Faux Té-

NUMÉRO D'ORDRE.	QUALIFICATION des CRIMES, DÉLITS ET CONTRAVENTIONS.	CONFÉRENCE.	PEINES ENCOURUES.	APPLICABILITÉ de l'art. 463 du Cod. pén. ou cas dans lesquels il est permis aux Juges d'abaisser la peine par l'admission des circonstances atténuantes.	OBSERVATIONS.
					moignage , n° 11. Dall. Jurisp. gén. t. 12, p. 610. Bourg. t. 3, p. 335. 18. Le faux témoin ne pourrait être déchargé de la peine qu'il aurait encourue , par le motif que sa déposition n'aurait pas été dictée par l'intention de nuire. Cass. 1 messidor an 13 , 19 ou 20 mai 1808 et 3 janvier 1811, rapp. par Merlin , Rép. v° faux témoignage , n° 11 , et par Dall. t. 12, p. 609. 19. Ni par le motif que la vérité sortie de sa bouche l'aurait exposé à une action en culpabilité ou en complicité. Dall. t. 12, p. 605, Bourg. t. 3, p. 337. Cass. 27 août 1824, Dall. 24-1-439, Bourg. t. 29 , p. 323. 20. Ni par cette raison , que le faux témoignage dont il s'est rendu coupable n'a causé aucun dommage. Cass. 19 novembre 1807. Dall. 12, p. 615. Cass. 14 juillet 1827. Dall. 27-1-444. 21. Les mots *en matière criminelle* de l'art. 361 doivent s'entendre de toute affaire soumise au Jury , et pouvant donner lieu à l'application de peines afflictives ou infamantes , sans avoir égard au résultat des poursuites. Carnot t. 2 , p. 156. 22. Lorsqu'il s'agit de plus de 150 fr. , le Ministère public n'est pas recevable à prouver la fausseté d'un serment prêté en matière civile , à moins qu'il n'y ait dans la cause un commencement de preuve par écrit. Cass. 5 septembre 1812. Bull. off. t. 17, p. 329. Rép. v° Serment , § 2 art. 2 not. 8, bis. Cass. 17 juin 1813. Dall. 23-1-511. Toull. t. 10 , p. 531, Octol. t. 2, p. 16. *Contrà*, Arg. du Disc. de l'orateur du gouvernement. Bourg. t. 3 , p. 344. Dall. t. 12 , p. 612. 23. *Aliud*, en matière commerciale. Cass. 30 janvier 1836, Pal. t. 1 de 1836 , p. 335. 24. Il suffirait pour l'application de l'art. 364 Cod. pén. que les promesses faites au faux témoin eussent été verbales. Cass. 17 septembre 1829. Jurisp. crim. 1829 , p. 315, D. 29-1-375. 25. La partie qui prête un faux serment est punissable , même dans le cas où le serment ne lui aurait pas été déféré par le juge , mais par son adversaire. Cass. 5 décembre 1835. Pal. t. 1 de 1836 , p. 335. 26. Sur la subornation des témoins , V. l'art. 365 du Cod. pén. et les nombreux arrêts intervenus sur l'entente et sur l'application de cet article.
42.	**G.** **GÉRANS-RESPONSABLES.** Défaut par les associés, hors les cas où le journal serait publié par une société anonyme, de choisir entre eux, un, deux ou trois Gérans, ayant les qualités requises par l'art. 980 du Code civil, étant propriétaires,	»	Les Art. 4 et 5 de la loi du 18 juillet 1828 et 15 § 1 de la loi du 9 septembre 1835 n'édictent aucune peine contre ceux qui contreviendraient à leurs dispositions. Garnier, 2e supp. p. 78. Seulement le journal ou écrit périodique peut être saisi, s'il vient	»	1. Les conditions exigées par l'Art. 980 du Code civil , sont d'être mâle, majeur , sujet du Roi, et jouissant des droits civils. 2. Dans le cas où l'entreprise aurait été formée par une seule personne , le propriétaire , s'il réunit les conditions exigées par l'art. 2 § 5 de la loi du 18 juillet 1828 , sera en même temps gérant responsable du journal ; dans le cas contraire , il sera tenu d'en présenter un conformément à l'art. 5 de cette loi. Art. 6 §§ 9 et 10 de la loi du 18 juil. 1828. Garnier (p. 81, 2e suppl.), soutient qu'il n'est pas nécessaire que le gérant présenté par le propriétaire unique qui ne peut être gérant lui-même , soit pro-

NUMÉRO D'ORDRE.	QUALIFICATION des CRIMES, DÉLITS ET CONTRAVENTIONS.	COMPÉTENCE.	PEINES ENCOURUES.	APPLICABILITÉ de l'art. 463 du Cod. pén. au cas dans lesquels il est permis aux Juges d'abaisser la peine par l'admission des circonstances atténuantes.	OBSERVATIONS.
	chacun au moins d'une part dans l'entreprise, et possesseur, en son propre et privé nom, du tiers du cautionnement, surveillant et dirigeant par eux-mêmes la rédaction du journal ou écrit périodique et ayant, aux termes des articles 22 et 24 du Code de Commerce, chacun individuellement la signature. — Art. 4, 5 de la loi du 18 juillet 1828; 15 § 1 de la loi du 9 sept. 1835.		à paraître avant que les gérants soient choisis.		priétaire d'une action dans l'entreprise et possesseur du 1/3 du cautionnement : la loi est cependant positive, et si l'opinion de Garnier devait être adoptée, on aurait lieu d'être surpris que le législateur n'eût pas employé les mots *Rédacteur responsable*, au lieu de *Gérant*, ainsi qu'il l'a fait pour le cas de la vente du propriétaire unique, et pour le cas des propriétaires qui n'ont qu'un seul gérant, lorsque ce gérant vient à être condamné. V. ci-après Art. 46 et 48. — 3. L'obligation d'avoir des gérans responsables n'est imposée qu'aux journaux et écrits périodiques politiques, et non aux journaux exceptés du cautionnement. Arg. de l'art. 15 de la loi du 9 septembre 1835, qui exige que le gérant soit propriétaire du 1/3 au moins du cautionnement et de l'art. 6 de la loi du 20 juillet 1828, qui dispense les écrits périodiques exceptés du cautionnement, de désigner leurs gérans dans leur déclaration. Dijon 13 mai 1831. Jurisp. crim. 1831, p. 202. Dall. 31-2-255. Observ. de Chauveau. Jurisp. crim. 1829, p. 358. V. not. 1 de l'Art. 31 et 5 de l'Art. 33 ci-dessus. — 4. V. la note 3 de l'Art. 81 sur la bonne foi des Éditeurs responsables des journaux ou écrits périodiques.
43.	GÉRANS-RESPONSABLES. Défaut par les propriétaires de remplacer, dans le délai de deux mois, l'un des Gérans qui vient à décéder ou à cesser ses fonctions par une cause quelconque, ou de réduire, dans le même délai, par un acte revêtu des mêmes formalités que celui de société, le nombre de leurs Gérans. — Art. 4 § 3 de la loi du 18 juillet 1828.	»	L'Art. 4 § 3 de la loi du 18 juil. 1828 ne prononce aucune peine contre la contravention qui serait commise à ses dispositions. Garnier, 2e supp. p. 78. — Seulement le journal ou écrit périodique peut être saisi, s'il vient à paraître avant que les gérants soient remplacés.	»	Les propriétaires peuvent aussi dans les limites ci-dessus déterminées (c'est-à-dire de 1 à 3), augmenter le nombre de leurs gérans, en remplissant les mêmes formalités que pour le réduire. Art. 4 de la loi du 18 juillet 1828.
44.	GÉRANT-RESPONSABLE. Défaut par le propriétaire de remplacer le seul Gérant qu'il avait constitué, dans les quinze jours qui suivent son décès ou la cessation de ses fonctions par une cause quelconque. — Art. 4 § 3 in fine de la loi du 18 juillet 1828.	Tribunal correction¹. Argum. de l'Art. 1 de la loi du 8 oct. 1830; Discus. de la Ch. des Députés, séances des 1 et 4 octobre 1830.	Amende 1,000 f. pour chaque feuille ou livraison publiée après l'expiration des quinze jours. — Art. 4 de la loi du 18 juil. 1828.	Art. 463 non applicable. — V. cet art.	

NUMÉRO D'ORDRE.	QUALIFICATION des CRIMES, DÉLITS ET CONTRAVENTIONS.	COMPÉTENCE.	PEINES ENCOURUES.	APPLICABILITÉ de l'art. 463 du Code pénal ou cas dans lesquels il est permis aux Juges d'abaisser la peine par l'admission des circonstances atténuantes.	OBSERVATIONS.
45.	**GÉRANT-RESPONSABLE.** Défaut par les propriétaires qui n'ont qu'un Gérant qui vient à être condamné pour crime, délit ou contravention de la presse, d'en présenter un nouveau, dans le délai d'un mois. Art. 19 § 2 de la loi du 9 sept. 1835.	»	Peut-être par analogie pourrait-on invoquer comme applicables à la contravention dont nous nous occupons les dispositions de l'art. 4 de la loi du 18 juillet 1828 qui prononce une amende de 1,000 f. pour chaque feuille ou livraison indûment publiée, mais l'art. 19 de la loi du 9 sept. 1835, siége de la matière, n'édictant aucune pénalité, il faut décider que tout doit se borner à la suppression du journal.	»	Aux termes du § 1 de l'Art. 19 de la loi du 9 septembre, la publication des journaux ou écrits périodiques dont l'un des gérans est condamné pour crime, délit ou contravention de la presse, ne peut avoir lieu pendant la durée des peines d'emprisonnement et d'interdiction des droits civils, que par un autre gérant remplissant les conditions exigées par la loi.
46.	**RÉDACTEUR RESPONSABLE.** Défaut par les propriétaires qui n'ont qu'un Gérant qui vient à être condamné pour crime délit ou contravention de la presse, de désigner un Rédacteur responsable, dans l'intervalle du mois qui leur est accordé pour présenter un nouveau Gérant. Art. 19 § 2 de la loi du 9 septem. 1835.	»	V. au n° 44 ci-dessus.	»	Le cautionnement entier demeure affecté à la responsabilité du Rédacteur. Art. 19 § 2 de la loi du 9 septembre 1835.
47.	**GÉRANT-RESPONSABLE.** Défaut par la veuve ou les héritiers, dans le cas où le journal ou écrit périodique est établi par un seul propriétaire qui vient à mourir, de présenter, dans le délai de trois mois, un Gérant responsable réunissant les conditions requises par l'article 980 du Code civil et propriétaire d'immeubles libres de toute hypothéque payant au moins 500 f. de contributions directes, si le journal est publié dans les départemens de la Seine, Seine-et-Oise, Seine-et-Marne	»	L'Art. 12 de la loi du 18 juillet 1828 ne prononce aucune peine contre l'infraction qui serait commise à ses dispositions.	»	

NUMÉRO D'ORDRE.	QUALIFICATION des CRIMES, DÉLITS ET CONTRAVENTIONS.	COMPÉTENCE.	PEINES ENCOURUES.	APPLICABILITÉ de l'art. 463 du Cod. pén. ou cas dans lesquels il est permis aux Juges d'abaisser la peine par l'admission des circonstances atténuantes.	OBSERVATIONS.
	et de 150 f. dans les autres départemens. Art. 12 §§ 1 et 2 de la loi du 18 juillet 1828.				
48.	**RÉDACTEUR-RESPONSABLE.** Défaut par la veuve ou les héritiers, dans le cas où le journal ou écrit périodique est établi par un seul propriétaire qui vient à mourir, de présenter, dans le délai de dix jours, un Rédacteur responsable du journal, jusqu'à ce que le Gérant qu'ils doivent présenter dans le délai de trois mois, soit accepté. Art 12 § 3 de la loi du 18 juillet 1828.	»	V. aux Art⁵ 44 et 47 ci-dessus.	»	V. note de l'Art. 45 ci-dessus.
49.	**H.** **HAUSSE** ou **BAISSE** du prix des denrées ou marchandises ou papiers et effets publics au-dessous ou au-dessus des prix qu'aurait déterminés la concurrence naturelle et libre du commerce, opérées par des faits faux ou calomnieux semés à dessein dans le public. Art. 419 cod. pén.	Tribunal correctionel. Art. 179 c. d'inst. crim.	Emprisonnement 1 à 1 an. Amende 500 à 10,000 f. Surveillance de la haute police de 2 à 5 ans (facultativement). Art. 419 cod. pén. Si les manœuvres ont été pratiquées sur les grains, grenailles, farines, substances farineuses, pain, vin ou toute autre boisson. Emprisonnement 2 mois à 2 ans. Amende 1,000 à 20,000 f. Surveillance de la haute police 5 à 10 ans (facultativement). Art. 420 cod. pén.	Art. 463 applicable. V. cet art.	1. L'Art. 419 du Cod. pén. prévoit d'autres cas punissables de Hausse et de Baisse, dont notre plan nous défend de nous occuper. 2. Pour constituer le délit prévu par l'art. 419 du Cod. pén. il faut que la Hausse ou la Baisse ait été opérée. Cass. 1 fév. 1834, Jurisp. crim. 1834, p. 329. Bourg. t. 3, p. 467 et Arrêts qu'il cite, des 24 décembre 1812, 29 janvier 1813 et 17 janvier 1818. 3. L'industrie du Roulage est une marchandise dans le sens de l'art. 419 Cod. pén. Paris, 29 août 1833. (confirmé par Cass. le 1 février 1834.) Jurisp. crim. 1833, p. 303. 4. Même décision pour le Transport par la voie des messageries, des personnes et des marchandises. Cass. 9 décembre 1836. Jurisp. crim. 1836, p. 327.

NUMÉRO D'ORDRE.	QUALIFICATION des CRIMES, DÉLITS ET CONTRAVENTIONS.	COMPÉTENCE.	PEINES ENCOURUES.	APPLICABILITÉ de l'art. 463 du Code pén. ou cas dans lesquels il est permis aux Juges d'abaisser la peine par l'admission des circonstances atténuantes.	OBSERVATIONS.
50.	**I.** **IMPRIMERIE CLANDESTINE.** (Possession d'une....) Art. 13 de la loi du 21 oct. 1814.	Tribunal correctionl. Art. 21 de la loi du 21 oct. 1814.	Emprisonnement 6 mois. Amende 10,000 f. contre les possesseurs et dépositaires. Destruction de l'imprimerie. Art. 13 de la loi du 21 oct. 1814.	Art. 463 non applicable. Vid. cet art.	V. les Arts ci-après. 1. Est réputée *Imprimerie clandestine*, toute Imprimerie non déclarée à la Direction générale de la librairie (aujourd'hui au bureau de la librairie au Ministère de l'intérieur. Vid. différens décrets et ordonnances et notamment l'ordonnance du 6 avril 1834.) et pour laquelle il n'aura pas été obtenu de permission. Art. 13 § 2 de la loi du 21 octobre 1814. Circul. du Directeur gén. de l'Imprimerie et de la Librairie du 1 déc. 1814. 2. Le mot *Imprimerie* doit s'entendre de presses de tout genre. Par. p. 43. 3. Les dispositions des Arts 11 et 13 de la loi du 21 oct. 1814 s'appliquent aux imprimeries lithographiques. Ordon. du 8 octobre 1817. 4. On doit cependant admettre une exception pour les presses lithographiques qui sont portatives, ou de petite dimension (sans préjudice de poursuite, en cas d'abus). Circul. du Min. de l'intérieur du 16 juin 1830. Par. p. 42. Cell. p. 23. 5. Un décret du 18 novembre 1810 imposait, sous peine de 6 jours à 6 mois d'emprisonnement, à tous ceux qui exerceraient la profession d'imprimeur, et généralement à tous ceux qui, n'exerçant pas ladite profession, se trouveraient propriétaires, possesseurs ou détenteurs de presses, fontes, caractères et autres ustensiles d'imprimerie, d'en faire, dans le délai d'un mois, la déclaration, dans le département de la Seine au Préfet de police, et dans les autres départemens au Préfet. D'après Garnier (p. 1086), cette disposition, qui atteignait nommément les Imagers, Dominotiers et Tapissiers, serait encore en vigueur sous les peines portées par l'art. 13 de la loi du 21 octob. 1814. *Contrà*, Bordeaux 22 mars 1832. Jurisp. crim. 1832, p. 268. Dall. 33-2-13. 6. Ce même décret du 18 novembre 1810 exceptait, et l'on doit encore aujourd'hui excepter de la déclaration, les presses à cylindre destinées à tirer des copies. Par. p. 44. 7. On a accordé de tout temps aux imprimeurs d'une moralité reconnue la faculté d'avoir une deuxième imprimerie, à titre de succursale de leur principal établissement, sous la condition qu'elle demeure toujours ouverte, comme les autres ateliers, aux agens de l'administration. Lettre du Min. de l'intérieur du 16 octobre 1822. Pic. p. 104. Garn. p. 1143. 8. Il n'est pas nécessaire d'avoir fait usage d'une presse clandestine : le seul fait de son existence suffit pour rendre coupable celui qui en est possesseur. Par. p. 43. Motifs d'un arrêt de Cass. du 27 décembre 1833. Pal. t. 3 de 1834, p. 571. Dall. 34-1-180. 9. Cependant on ne doit pas considérer comme possesseur ou dépositaire d'une imprimerie, un individu qui a donné asile à une personne ayant dans ses effets des objets pouvant servir à une imprimerie. Même arrêt du 27 décembre 1833. 10. Le Ministère public a qualité pour poursuivre d'office les contraventions en matière d'imprimerie, même sans dénonciation des Directeurs généraux de la librairie. Art. 21 de la loi du 21

NUMÉRO D'ORDRE.	QUALIFICATION des CRIMES, DÉLITS ET CONTRAVENTIONS.	COMPÉTENCE.	PEINES ENCOURUES.	APPLICABILITÉ de l'art. 463 du Cod. pén. ou cas dans lesquels il est permis aux Juges d'abaisser la peine par l'admission des circonstances atténuantes.	OBSERVATIONS.
					octobre 1814. Par. p. 57. Cass. 2 décembre 1820. Dall. t. 11, p. 357. Dall. off. t. 25, p. 409. Cass. 23 mai 1821. Dall. Jurisp. gén., v° Presse, p. 330. Bull. offic. t. 26, p. 202. Montpellier 2 décembre 1822. Dall. 22-2-1021. Cass. 31 septembre 1823. Dall. 23-1-392. Sir 24-1-83. Pal. t. 1 de 1824, p. 560. Moufa de Cass. 29 mars 1827. Dall. 27-1-187. Sir. 27-1-459. Pal. t. 3 de 1827, p. 402. Cass. 16 mai 1828. Dall. 28-1-247. Sir. 28-1-332. Bull. offic. t. 33, p. 373. V. Art. 18 not. 13; 21 not. 26; 24 not. 14; 35 not. 9 et 10; 36 not. 3 et suiv.; 37 not. 11 et suiv.; 56 not. 5; 57 not. 3; 62 not. 11; 65 not. 1; 69 not. 1; 72 not. 2; 74 not. 14, et 77 not. 7.
51.	**IMPRIMEUR.** Exercice de la profession d'imprimeur sans être breveté par le Roi et sans avoir prêté serment. Art. 11 de la loi du 21 octobre 1814.	Tribunal correction'. Art. 21 de la loi du 21 octob. 1814.	Emprisonnement 6 mois. Amende 10,000 fr. Destruction de l'imprimerie. Art. 13 de la loi du 21 oct. 1814.	Art. 463 non applicable. V. cet art.	V. au mot Libraire, n° 62. 1. Le Brevet accordé à l'imprimeur est personnel. Par. p. 55. Garn. p. 565. Cass. 15 mai 1823. Pal. t. 3 de 1823, p. 413. Sir. 23-1-233. 2. Néanmoins la Veuve de l'imprimeur, quoique non brevetée personnellement, peut continuer l'exploitation de l'industrie de son mari, sans autorisation nouvelle, tant qu'elle reste en viduité. Art. 55 du Régl. du 28 février 1723. Par. p. 35. 3. Le brevet est donné pour un lieu déterminé. Cass. 15 mai 1823 ci-dessus. Paris 16 juillet 1831. Jurisp. crim. 1831. P. 211. Par. p. 35. 4. Bien que les imprimeurs ne puissent exercer sans un brevet du Gouvernement, leur ministère n'est cependant pas obligé : ils peuvent refuser leurs presses. Poitiers 30 décembre 1829. Dall. 30-2-104. Jurisp. crim. 1830, p. 6. Obs. ib. p. 10. Paris, 27 mars 1830. Dall. 30-2-184. Jurisp. crim. 1830, p. 104. Obs. ib. p. 106. Rouen 1 avril 1830. Pal. t. 1 de 1831, p. 122. Dall. 30-2-184. D'après le Tribunal de Moulins (Jugement du 18 mars 1830 rapp. Jurisp. crim. 1830, p. 116), ce droit de l'imprimeur ne pourrait être exercé arbitrairement, et il appartiendrait aux Tribunaux de déclarer que le refus est mal fondé. 5. Sur la complicité des imprimeurs, V. la note 4 de l'Art. 87 ci-dessous.
52.	**IMPRIMEUR.** Défaut d'indication de la part de l'imprimeur de ses nom et demeure. Art. 17 de la loi du 21 octobre 1814.	Tribunal correction'. Art. 21 de la loi du 21 octob. 1814.	Amende 3,000 fr. Art. 17 de la loi du 21 oct. 1814.	Art. 463 non applicable. V. cet art.	V. aux mots Libraire et Publication, N°s 63 et 90. 1. En cas de condamnation, le brevet peut être retiré. Art. 12 de la loi du 21 octobre 1814. 2. Les dispositions de l'art. 17 de la loi du 21 octobre 1814 s'appliquent à l'imprimeur lithographe. Ordon. du 8 octobre 1817. Par. p. 65 et 463. A. Dall. Dict. v° Presse, n° 892. Cell. p. 30. 3. L'imprimeur ne peut aujourd'hui profiter du bénéfice de l'art. 254 n° 3 du Cod. pén. qui ne prononce que des peines de simple police, alors que l'imprimeur fait connaître l'auteur de l'ouvrage, par cette raison que l'auteur étant connu, la contravention n'en existerait pas moins à l'égard de l'imprimeur. Si

NUMÉRO D'ORDRE.	QUALIFICATION des CRIMES, DÉLITS ET CONTRAVENTIONS.	COMPÉTENCE.	PEINES ENCOURUES.	APPLICABILITÉ de l'art. 463 du Cod. pén. ou cas dans lesquels il est permis aux juges d'abaisser la peine par l'admission des circonstances atténuantes.	OBSERVATIONS.
			Si l'indication porte un faux nom ou une fausse demeure. Emprisonnement 6 jours à 6 m. Amende 6,000 fr. Art. 17 de la loi du 21 oct. 1814; 283 du Code pénal.		le paragraphe 3 de cet article 284 (mal-à-propos maintenu dans l'édition officielle de 1832), admettait une atténuation de peines, c'est qu'antérieurement à la loi du 21 octobre 1814 et d'après le paragraphe 1 de l'art. 41 du décret du 5 février 1810 combiné avec l'art. 283 du Cod. pén., le nom de l'auteur de l'ouvrage pouvait être indiqué aussi bien que celui de l'imprimeur : en l'état de la législation actuelle, au contraire, le nom de l'imprimeur doit toujours être connu. Par. p. 56. 4. La formalité imposée par l'art. 17 de la loi du 21 oct. 1814 est indépendante de celles prescrites par l'art. 14 de la même loi. Motifs de Cass. Sect. réunies, 8 août 1828. Sir. 28-1-312. Dall. 28-1-374. Bull. offic. t. 33, p. 709. Cass. 21 fév. 1824. Bull. off. t. 29, p. 88. Sir. 24-1-408. D. Jurisp. gén. v° Presse, n° 339. 5. L'obligation de faire connaître les nom et demeure de l'imprimeur s'étend à tous les ouvrages sans distinction d'*écrits*, *imprimés*, etc. Par. p. 51. A. Dall. Dict. v° Presse, n° 803. Arg. de Cass. du 3 juin 1836. Jurisp. crim 1836, p. 226. Pal. t. 1 de 1836, p. 36. *Contrà*, Chauv. Jurisp. crim. ib.; Cet auteur pense qu'il faut appliquer les principes reconnus dans les Circul. ministérielles des 1 août 1810 et 16 juin 1830; (Voir ci-après Art. 53 not. 4,) il argumente aussi de l'arrêt de la Cour de Cass. du 3 juin 1836. 6. Elle s'étend à chaque exemplaire de gravures accompagnées d'un texte imprimé. Cass. 5 novembre 1835. Pal. t. 2 de 1836, p. 132. Jurisp. crim. 1836, p. 54. Cass. sect. réunies, 1 juil. 1836. Jurisp. crim. 1837, p. 21. V. not. 8 de l'Art. suivant. 7. L'indication de la demeure de l'imprimeur est exigée, même quand elle serait notoirement connue. Cass. 25 juin 1825. Pal. t. 3 de 1825, p. 313. Dall. 26-1-20. Sir. 25-1-399. Cass. 14 juin 1833. Pal. t. 3 de 1833, p. 473. Dall. 33-1-314. 8. L'Art. 17 de la loi du 21 octobre 1814 reçoit son application même dans le cas où l'ouvrage est imprimé dans une langue Étrangère et est destiné à être vendu en pays Étranger. Cass. 11 novembre 1825. Pal. t. de 1826, p. 563. Sir. 26-1-112. Dall. 26-1-87. 9. L'Art. 17 *in fine* de la loi du 25 mars 1817 sur les finances contient une disposition spéciale qui oblige les imprimeurs à indiquer leur nom au bas des affiches. 10. La contravention est consommée dès l'instant que les exemplaires ont été déposés et envoyés au libraire : il importerait peu que ce libraire n'en eût vendu aucun. Cass. sect. réunies du 8 août 1828 ci-dessus. 11. La contravention aux dispositions de l'Art. 17 de la loi du 20 octobre 1814 ne peut être excusée par la bonne foi de l'imprimeur. Cass. 19 décembre 1832. Bull. offic. t. 37, p. 236. Arg. de Cass. des 25 juin 1825, 8 août 1828 et 14 juin 1833 ci-dessus. Paris, 8 avril 1836. Jurisp. crim. 1836, p. 116. Par. p. 52. V. Art 21 not. 24; 38 not. 10; 42 not. 4 ; 53 not. 12; 62 not. 10 et 81 not. 3. 12. Elle ne peut l'être non plus, par la considération que l'ouvrage a été livré, non en cahiers complets, mais en feuilles. Cass. 9 août 1821. Bull. offic. t. 26, p. 361.

NUMÉRO D'ORDRE.	QUALIFICATION des CRIMES, DÉLITS ET CONTRAVENTIONS.	COMPÉTENCE.	PEINES ENCOURUES.	APPLICABILITÉ de l'art. 463 du Cod. pén. au cas dans lesquels il est permis aux juges d'abaisser la peine par l'admission des circonstances atténuantes.	OBSERVATIONS.
53.	**IMPRIMEUR.** Impression par lui faite d'un écrit avant d'avoir déclaré qu'il se propose de l'imprimer. Art. 14 de la loi du 21 octobre 1814.	Tribunal correctionel. Art. 21 de la loi du 21 octob. 1814.	Amende 1,000 f. Art. 16 de la loi du 21 octobre 1814.	Art. 463 non applicable. V. cet art.	1. En cas de contravention , le brevet peut être retiré à l'imprimeur. Art. 12 de la loi du 21 octobre 1814. 2. Aux termes de l'Art. 2 de l'Ordonnance du 24 octobre 1814 la déclaration doit être conforme au livre tenu par l'imprimeur. En cas de contravention à cette disposition , les Tribunaux doivent appliquer la peine portée par l'art. 16 de la loi du 21 octobre. Par. p. 58 et Arrêt de Cass. qu'il cite , du 19 décembre 1823. Dall. 24-1-107. 3. La déclaration doit être faite dans chaque département où l'ouvrage s'imprime en partie. Cass. 16 juin 1826. Dall. 26-1-286. 4. D'après une Circul. du Directeur général de l'imprimerie et de la librairie , en date du 1 août 1819 (Sir. 11-2-16) , dont les dispositions renouvelées par une Circul. du Ministre de l'intérieur du 16 juin 1830, doivent encore être observées, (Par. p. 48. Métz 31 août 1833. Dall. 34-1-221.) aucune déclaration n'est exigée : 1° pour l'impression des ouvrages dits de *ville* ou *Bilboquets* , c'est-à-dire , ceux qui , imprimés pour le compte de l'Administration ou destinés pour des usages privés, ne sont pas susceptibles d'être répandus dans le commerce et 2° pour celle des *Factums* , *Mémoires* ou *Requêtes sur procès* , signés par un avocat ou un officier ministériel. La Cour de Cass. a cependant jugé le 31 juillet 1823 (Pal. t. 2 de 1824 , p. 540. Dall. 24-1-392. Sir. 24-1-82) et le 2 juin 1826 (Pal. t. 3 de 1827 , p. 126. Dall. 26-1-379), que la loi ne distinguant pas entre les ouvrages dits *Labeurs* et les ouvrages dits *Bilboquets* , les Tribunaux ne peuvent se dispenser, dans aucun cas , de prononcer l'amende. Tout au moins , d'après l'arrêt du 31 juillet 1823 , les imprimeurs sont-ils obligés de consulter préalablement l'administration pour savoir si l'ouvrage peut être considéré comme bilboquet. Un autre arrêt de la Cour de Cass. du 21 octobre 1825 , (Dall. 26-1-77. S. 26-1-269. Bull. offic. t. 30 , p. 589.) a décidé que les mémoires sur procès ne sont affranchis de la déclaration et du dépôt, que lorsqu'ils portent la signature d'un avocat ou d'un avoué , mais qu'ils y demeurent assujettis quand ils sont revêtus de toute autre signature , telle que celle de la partie ou de son fondé de pouvoirs. 5. Les dispositions des Art. 14 et 16 de la loi du 21 oct. , s'appliquent aux imprimeurs de planches lithographiques. Ord. du 8 octobre 1817 , Art. 2. D'après une lettre manuscrite du Directeur général de la police , en date du 21 juillet 1823, citée par Garn. p. 1336 , la gravure du texte en taille douce ne peut avoir lieu que dans l'atelier de l'imprimeur-lithographe. 6. Ces dispositions régissent aussi bien les ouvrages qui se réimpriment , que les ouvrages nouveaux. Cass. 12 décembre 1822. Dall. Jurisp. gén. v° Presse , p. 338. Bull. off. t. 27 , p. 529. Cass. 10 novembre 1826. Dall. 27-1-330. Sir. 27-1-373. Bull. offic. t. 31 , p. 624. Cass. 6 juillet 1832. Bull. off. t. 37 , p. 356. Arg. de Cass. du 18 juillet 1833. Pal. t. 1 de 1834 , p. 138. Dall. 33-1-339. Sir. 33-1-876. 7. Elles s'appliquent à la réimpression sous un autre format

NUMÉRO D'ORDRE.	QUALIFICATION des CRIMES, DÉLITS ET CONTRAVENTIONS.	COMPÉTENCE.	PEINES ENCOURUES.	APPLICABILITÉ de l'art. 463 du Cod. pén. ou cas dans lesquels il est permis aux Juges d'abaisser la peine par l'admission des circonstances atténuantes.	OBSERVATIONS.
					d'un article de journal; le dépôt du numéro du journal ne dispense pas du dépôt exigé pour la réimpression. Cass. 16 juillet ci-dessus. 8. Elles s'appliquent aux estampes et planches gravées, accompagnées d'un texte. Ordonn. du 24 octobre 1814 Art. 3. Bourg. t. 3, p. 581. V. Art. précédent not. 6. 9. L'impression de la musique gravée, accompagnée de paroles, est soumise aux mêmes obligations que celle de tout écrit imprimé. Cass. 29 mai 1823. Dall. 24-1-401. 10. Il y a contravention, si l'imprimeur imprime un plus grand nombre d'exemplaires que celui indiqué dans la déclaration. Arrêt de Cass. cité ci-dessus du 19 déc. 1823. Dall. 24-1-107. Bull. offic. t. 28, p. 439. 11. La contravention est suffisamment établie par la non-représentation du récépissé constatant la déclaration et le dépôt. Cass. 2 avril 1830. Dall. 30-1-193. Bull. offic. t. 35, p. 203. Contrà, Cass. 10 février 1826. Dall. 26-1-341. (duquel il résulte qu'il appartient aux Tribunaux de décider si de l'ensemble des faits on peut conclure que ces formalités ont été remplies.) 12. La bonne foi de l'imprimeur ne peut lui servir d'excuse en cas de contravention aux dispositions de l'Art. 14 de la loi du 21 octobre. Cass. 3 juin 1826. Pal. t. 3 de 1827, p. 126. Dall. 26-1-379. Cass. 16 juin 1826 ci-dessus. Cass. 4 mai 1832. Pal. t. 3 de 1832, p. 237. Dall. 32-1-260. Sir. 32-1-655. Cass. 6 juillet 1832. Bull. offic t. 37, p. 355. Sir. 32-1-608. Metz, 31 août 1833. Dall. 34-2-221. V. not. 11 de l'Art. précédent.
54.	IMPRIMEUR. Mise en vente ou publication, de quelque manière que ce soit, d'un écrit avant d'avoir déposé le nombre prescrit d'exemplaires. Art. 14 de la loi du 21 octobre 1814.	Tribunal correctionl. Art. 21 de la loi du 21 oct. 1814,	Amende 1,000 f. Art. 16 de la loi du 21 oct. 1814.	Art. 463 non applicable. V. cet art.	V. les notes de l'Art. précédent. 1. Le dépôt doit être fait : à Paris, au secrétariat de la Direction générale de la librairie (aujourd'hui au Bureau de la librairie, Ministère de l'Intérieur. V. diverses Ordonnances, notamment celle du 6 avril 1834.) et dans les départemens, au secrétariat de la Préfecture. Art. 9 de l'Ordonn. du 24 octobre 1814. 2. Le nombre des exemplaires à déposer des ouvrages et des épreuves d'estampes ou de planches gravées, était d'abord fixé à 5 par les Art. 4 et 8 de l'Ordonn. du 24 octobre 1814 : il a été réduit par l'Ordonn. du 9 janvier 1828, savoir : les exemplaires d'ouvrages à 2 et les épreuves d'estampes à 3, dont une avant la lettre ou en couleur, s'il en a été tiré ou imprimé de cette espèce. V. au mot Contrefaçon Art. 21 note 4. 3. Le dépôt à la direction de la librairie ne constitue pas nécessairement la publication dans le sens de l'Art. 29 de la loi du 26 mai 1819, (qui déclare les délits de la presse prescriptibles par 6 mois, à compter du fait de la publication.) Cette publication gît en fait, et doit être apprécié par les juges, suivant les circonstances. Cass. 8 septembre 1824. Dall. Jurisp. gén. t. 11, p. 371. S. 25-1-68. Bull. off. t. 29, p. 335. Cass. 18 septembre 1829. Jurisp. crim. 1829, p. 342. Dall. 29-1-357. Bull. offic. t. 34, p. 556. Cass. 18 décembre 1835. Pal. t. 2 de 1836, p. 323. Jurisp. crim. 1836, p. 165.

NUMÉRO D'ORDRE.	QUALIFICATION des CRIMES, DÉLITS ET CONTRAVENTIONS.	COMPÉTENCE.	PEINES ENCOURUES.	APPLICABILITÉ de l'art. 463 du Cod. pén. ou cas dans lesquels il est permis aux Juges d'abaisser la peine par l'admission des circonstances atténuantes.	OBSERVATIONS.
55.	**INJURE**, par l'un des moyens énoncés en l'art. 1 de la loi du 17 mai 1819, envers les Ambassadeurs, Ministres Plénipotentiaires, Envoyés, Chargés d'affaires ou autres Agens Diplômatiques accrédités près du Roi. Art. 19, 17, 13 § 2 et 1 de la loi du 17 mai 1819.	Si l'injure a eu lieu par écrit. Cour d'assises. Art. 1 de la loi du 8 oct. 1830 ; 13 de la loi du 26 mai 1819. Si l'injure a été verbale. Tribunal correction¹. Art. 2 de la loi du 8 oct. 1830 ; 14 de celle du 26 mai 1819.	Emprisonnement 5 jours à 1 mois. Ensemble ou séparément, Amende de 25 à 2,000 f. Suppression ou destruction des objets saisis ou à saisir, en tout ou en partie, suivant qu'il y a lieu pour l'effet de la condamnation. Impression et affiche de l'arrêt (facultativement). Publication de l'arrêt dans le Moniteur. Art. 14 et 19 de la loi du 17 mai 1819; 26 de la loi du 26 mai 1819. Si le délit a été commis par la voie d'un journal ou écrit périodique, l'amende sera de 500 à 4,000 f. Art. 10 de la loi du 9 juin 1819; 14 de la loi du 18 juillet 1828.	Art. 463 non applicable. V. cet art.	V. au mot Diffamation, n° 35. Toute expression outrageante, terme de mépris ou invective qui ne renferme l'imputation d'aucun fait portant atteinte à l'honneur ou à la considération de la personne ou du corps auquel le fait est imputé, est une injure. Art. 13 de la loi du 17 mai 1819. — Néanmoins l'injure qui ne renferme pas l'imputation d'un vice déterminé, ou qui n'est pas publique, continue d'être punie de peines de simple police. Art. 20 de la même loi. V. note 2 de l'Art. 57.
56.	**INJURE**, par l'un des moyens énoncés en l'art. 1 de la loi du 17 mai 1819, envers tout Dépositaire ou Agent de l'autorité publique pour des faits relatifs à ses fonctions. Art. 19, 16, 13 § 1 et 1 de la loi du 17 mai 1819.	Si l'injure a eu lieu par écrit. Cour d'assises. Art. 1 de la loi du 8 oct. 1830 ; 13 de la loi du 26 mai 1819. Si l'injure a été verbale. Tribunal correction¹. Art. 2 de la loi du 8 oct. 1830 ; 14 de la loi du 26 mai 1819. Cass. 16 mars 1832. D. 33-1-212. B. of. t. 37, n. 97.	Emprisonnement 5 jours à 1 mois. Ensemble ou séparément, Amende de 25 à 2,000 f. Suppression ou destruction des objets saisis ou à saisir, en tout ou en partie, suivant qu'il y a lieu pour l'effet de la condamnation. Impression et affiche de l'arrêt (facultativement). Publication de l'arrêt dans le Moniteur. Art. 14 et 19 de la loi du 17 mai 1819; 26 de la loi du 26 mai 1819. Si le délit a été commis par la voie d'un journal ou écrit périodique, l'amende sera de 500 à 4,000 fr. Art. 10 de la loi du 9 juin 1819; 14 de la loi du 18 juillet 1828.	Art. 463 non applicable. V. cet art.	V. aux mots Diffamation et Outrage, n° 35 et 76. 1. L'injure proférée contre un Maire qui appose une affiche est punissable des peines portées par l'Art. 19 de la loi du 17 mai. Cass. 1 mars 1833. Dall. 33-1-178. Jurisp. crim. 1833, p. 220. 2. Même décision pour l'injure proférée contre un Maire qui, au refus du Curé, accompagne un cercueil. Cass. 16 mars 1832. D. 33-1-212. Bull. offic. t. 37, n° 97. 3. Les injures proférées contre un agent de l'autorité (un garde champêtre) ne sont pas punissables, si elles ont été par lui provoquées. Grenoble, 21 mai 1825. D. 26-1-214. V. Art. 57 not. 1. V. aussi not. 8 de l'Art. 31. 4. Sur la publicité des injures, V. not. 2 de l'Art. suivant. 5. Aux termes des lois des 8 octobre 1830 et 26 mai 1819, l'injure envers les agens de l'autorité publique ne peut être poursuivie que sur la plainte de la partie lésée. Bourges, 22 av. 1831. Jurisp. crim. 1831, p. 333. Pal. t. 1 de 1832, p. 38. Cass. 5 août 1831. Pal. t. 1 de 1832, p. 354. Jurisp. crim. 1831, p. 342. Cass. 23 février 1832. Jurisp. crim. 1832, p. 45. *Contrà*, Obs. Jurisp. crim. 1831, p. 344. V. Art. 18 not. 13; 21 not. 26; 34 not. 14; 35 not. 9 et 10; 36 not. 3 et suiv.; 37 not. 11 et suiv.; 56 not. 10; 57 not. 3; 62 not. 11; 68 not. 1; 69 not. 1; 72 not. 3; 74 not. 14, et 77 not. 7.

NUMÉRO D'ORDRE.	QUALIFICATION des CRIMES, DÉLITS ET CONTRAVENTIONS.	COMPÉTENCE.	PEINES ENCOURUES.	APPLICABILITÉ de l'art. 463 du Code pénal, au cas dans lesquels il est permis aux Juges d'abaisser la peine par l'admission des circonstances atténuantes.	OBSERVATIONS.
57.	**INJURE**, par l'un des moyens énoncés en l'art. 1 de la loi du 17 mai 1819, envers les particuliers. Art. 19 § 2, 13 § 2 et 1 de la loi du 17 mai 1819.	Tribunal correction¹. Art. 2 de la loi du 8 oct. 1830 ; 14 de la loi du 26 mai 1819.	Amende 16 à 500 f. Arts 14 et 19 § 2 de la loi du 17 mai 1819. Si le délit a été commis par la voie d'un journal ou écrit périodique, l'amende sera de 32 à 1,000 f. Arts 10 de la loi du 9 juin 1819; 14 de la loi du 18 juillet 1828.	Art. 463 non applicable. V. cet art.	V. aux mots Injure, Diffamation et Outrage. 1. Le prévenu d'injures doit être acquitté, lorsque les injures qu'il a proférées, ont été provoquées par celles du plaignant. (Cod. pén. Art. 171 § 11.) Cass. 11 octobre 1827. Sir. 27-1-259. Dall. 27-1-17. V. not. 8 de l'Art. 34, et 3 de l'Art. précédent. 2. D'après l'Article 20 de la loi du 17 mai 1819, les injures qui ne renferment pas l'imputation d'un vice déterminé et qui ne sont pas publiques, continuent à être punies de peines de simple police. (Cod. pén. Arts 276 et 471 § 11.) V. les Arts 34 not. 7 ; 66 not. 2 ; 72 not. 1 ; 74 not. 3, et 77 not. 2. V. aussi Art. 6 not. 5, 6 et 7. Art. 34 not. 5. 3. L'injure contre les particuliers ne peut être poursuivie que sur la plainte des parties lésées. Art. 5 de la loi du 26 mai 1819 ; 4 et 5 de la loi du 8 octobre 1830. Cass. 1 juillet 1830. Jurisp. crim. 1830, p. 320. Dall. 30-1-319. Cass. 13 mai 1831. Jurisp. crim. 1831, p. 316. Dall. 31-1-343. Cass. 23 février 1832. Jurisp. crim. 1832, p. 15. Dall. 32-1-256. Sir. 32-1-622. V. not. 5 de l'Article précédent.
58.	**INSERTION** dans le numéro de tout journal ou écrit périodique qui suivra le jour de la réception, de la Réponse de toute personne nommée ou désignée dans le journal ou écrit périodique. (Refus d'......) Art. 11 de la loi du 25 mars 1822 ; 17 de la loi du 9 sept. 1835.	Tribunal correction¹. Argum. de l'Art. 4 de la loi du 8 oct. 1830 ; Discus. à la Ch. des Députés, séances des 1 et 4 octobre. Douai 12 août 1831. Jurisp. crim. 1831, p. 266. Cass. 15 fév. 1834. Jurisp. crim. 1834, p. 88. Pal. t. 2 de 1834, p. 54. D. 34-1-289. Par. p. 271.	Amende 50 à 500 f. Arts 11 de la loi du 25 mars 1822; 17 de la loi du 9 sept. 1835.	Art. 463 non applicable. V. cet art. Arg. de l'art. 14 de la loi du 25 mars 1822.	V. note 4 de l'article 60 ci-dessous. 1. Sans préjudice d'autres peines et dommages-intérêts auxquels pourrait donner lieu l'article incriminé. Art. 11 de la loi du 25 mars 1822. (Pour Diffamation, par exemple. Arg. de Cass. du 15 février 1834. Jurisp. crim. 1834, p. 88. Pal. t. 2 de 1834, p. 54. Par. p. 151.) 2. La Réponse ou rectification doit être insérée intégralement. Art. 17 § 1 de la loi du 9 sept. 1835. Cass. 7 novembre 1834. Dall. 35-1-179. Pal. t. 3 de 1835, p. 389. Et gratuitement. Art. 17 § 1 de la loi du 9 septembre. Cass. 31 décembre 1835. Jurisp. crim. 1836, p. 110. Pal. t. 3 de 1836, p. 127. Si toutefois la Réponse avait plus du double de la longueur de l'article auquel elle est faite, le surplus de l'insertion devrait être payé suivant le prix des annonces. Même Article § 2. 3. Il n'est pas nécessaire, pour avoir le droit de faire insérer une Réponse, que l'article dans lequel on est nommé soit injurieux ou diffamatoire. Cass. 11 septembre 1829. Jurisp. crim. 1829, p. 289. Pal. t. 7 de 1830, p. 150. Dall. 29-1-356. Sir. 29-1-413. Cass. 24 août 1832. Dall. 32-1-404. Sir. 33-1-150. Jurisp. crim. 1832, p. 195. *Contrà*, Observ. des auteurs de la Jurisp. crim. 1829, p. 290. 4. Un Fonctionnaire public peut user du droit que donne l'article 11 de la loi du 25 mars 1822. Cass. 24 août 1832 ci-dessus. Trib. de Paris, 8 mars 1834, (Aff. Demangeat.) Et le Journal ne peut se refuser à insérer la réponse, sur le fondement qu'il demande à faire la preuve des faits avancés. Même jugement. 5. L'article 11 doit être entendu en ce sens, que l'auteur de la Réponse a droit de répliquer, si l'insertion de la réponse est accompagnée de commentaires. Douai, 23 décemb. 1831. Jurisp. crim. 1832, p. 12. Cass. 24 août 1832 ci-dessus. A. Dall. dict. v° Presse n° 461.

NUMÉRO D'ORDRE.	QUALIFICATION des CRIMES, DÉLITS ET CONTRAVENTIONS.	COMPÉTENCE.	PEINES ENCOURUES.	APPLICABILITÉ de l'Art. 463 du Cod. pén. ou cas dans lesquels il est permis aux Juges d'abaisser la peine par l'admission des circonstances atténuantes.	OBSERVATIONS.
					6. Si la réponse était injurieuse, le journaliste pourrait refuser de l'insérer, à la charge de faire déclarer par les tribunaux qu'en effet elle est injurieuse. Cass. 7 novembre 1834 ci-dessus. 7. L'article 11 de la loi du 25 mars ne peut favoriser les prétentions d'un Avocat qui voudrait forcer un journal à insérer son plaidoyer en entier, sous prétexte qu'il en a été rendu compte. Trib. de Paris, 3 décembre 1829. Gaz. des Trib. n° 1349.
59.	INSERTION dans l'une des feuilles ou livraisons d'un journal ou écrit périodique qui paraîtront dans le mois du jugement ou de l'arrêt intervenu contre lui, d'un extrait contenant les motifs et le dispositif dudit jugement ou arrêt. (Refus d'.....) Art. 11 de la loi du 9 juin 1819.	Tribunal correction'. Art. 12 de la loi du 9 juin 1819. Argum. de l'Art. 4 de la loi du 8 oct. 1830 ; Discus. à la Ch. des Députés, séances des 1 et 4 octob. 1830.	Amende 100 à 1,000 f. Art. 12 de la loi du 9 juin 1819.	Art. 463 non applicable. V. cet art.	
60.	INSERTION par le Gérant, en tête du journal, des Documens officiels, Relations authentiques, Renseignemens et rectifications qui lui seront adressés par tout dépositaire de l'autorité publique, le lendemain du jour de l'envoi des pièces, sous la seule condition de payer les frais d'insertion. (Refus d'....) Art. 18 § 1 de la loi du 9 sept. 1835.	Tribunal correction'. Art. 18 § 3 de la loi du 9 sept. 1835.	Amende 50 à 500 f. Art. 18 § 3 de la loi du 9 sept. 1835 ; 11 de la loi du 25 mars 1822.	Art. 463 non applicable. V. cet art.	1. L'art. 18 de la loi du 9 sept. 1835 remplace les Art. 8 et 12 de la loi du 9 juin 1819, qui punissaient le refus d'insertion des documens officiels d'une amende de 100 à 5,000 fr. 2. Il abroge aussi implicitement la disposition de l'Art. 12 de la même loi du 9 juin 1819, sur la prescription de 3 mois. Par ib. V. note G à la fin du vol. 3. Les mots *Dépositaire de l'Autorité publique* doivent s'entendre ici dans un sens plus restreint que pour le cas d'Outrage : il y a, en effet, bien des Fonctionnaires dont la fonction doit être respectée et qui ne sont cependant pas en position de donner à un journal des renseignemens obligatoires. Cell. p. 88. 4. Le Trib. de Paris a jugé que la peine portée par l'Art. 18 de la loi du 9 sept. 1835, et par l'Art. 11 de la loi du 25 mars 1822, devrait être prononcée dans le cas où le journaliste n'aurait imprimé que le surlendemain les rectifications qui étaient adressées par les Dépositaires de l'Autorité. Gaz. des Trib. du 6 mai 1837, n° 3636.

NUMÉRO D'ORDRE.	QUALIFICATION des CRIMES, DÉLITS ET CONTRAVENTIONS.	COMPÉTENCE.	PEINES ENCOURUES.	APPLICABILITÉ de l'art. 463 du Cod. pén., ou cas dans lesquels il est permis aux juges d'abaisser la peine par l'admission des circonstances atténuantes.	OBSERVATIONS.
61.	**INSERTION** réclamée par le Gouvernement, par l'intermédiaire des Préfets, (Refus de faire, de la manière ci-dessus et sous la même condition, dans le numéro qui suit le jour de la réception des pièces, toute.....) Art. 18 § 2 de la loi du 9 sept. 1835.	Tribunal correction¹. Art. 18 § 2 de la loi du 9 sept. 1835.	Amende 50 à 500 f. Art. 18 § 3 de la loi du 9 septembre 1835 ; 11 de la loi du 25 mars 1822.	Art. 463 non applicable. V. cet art.	V. note 4 de l'Art. précédent.
62.	**L.** **LIBRAIRE.** Exercice de la profession de Libraire, sans être breveté par le Roi et sans avoir prêté serment. Art. 11 de la loi du 21 oct. 1814.	Tribunal correction¹. Art. 21 de la loi du 21 octob. 1814.	Amende 500 fr. Art. 4 Tit. 2 du Règlement du 28 février 1723; Arrêt du Conseil d'État du 24 mars 1744; Décrets des 2 févr. 1811 et 11 juillet 1812; Ordonnance du 1 sept. 1817; Cass. du 4 octobre 1822. Pal. t. 2 de 1823, p. 378. Dall. 23-1-38. Cass. 22 janvier 1824. Pal. t. 3 de 1824, p. 144. Cass. 24 juin 1826. Pal. t. 3 de 1827, p. 144. Dall. 26-1-390. Cass. 8 décembre 1826. Dall. 27-1-359. Cass. 2 mars 1827. Dall. 27-1-390. Cass. 3 mars 1827. Dall. 27-1-159 et 390. Cass. 28 avril 1827. Pal. t. 1 de 1826, p. 339. Dall. 27-1-432. Cass. 19 mai 1827. Pal. t. 3 de 1827, p. 145. Cass. 6 juil. 1827. Dall. 27-1-432. Cass. 12 septembre 1828. Jurisp. crim. 1829, p. 21. Dall. 28-1-417. Cass. 22 novembre 1828. Pal. t. 3 de 1829, p. 34. Dall. 29-1-28. V. not. 3 à la col. 6. Depuis, et par ses Arrêts des 13 et 25 février et 9 septemb. 1836 (Pal. t. 2 de 1836, p. 159. Jurisp. crim. 1836, p. 222. Bull. off. t. 41, p. 51 et 62. Jurisp. crim. 1836, p. 183 et 200.), la Cour de Cass. est revenue de sa jurisprudence et adoptant celle de la plupart des Cours Royales, elle a déclaré qu'aucune peine n'était applicable.	Art. 463 non applicable. V. cet Art.	V. au mot Imprimeur, n° 51. 1. Le Brevet accordé au libraire lui est personnel. Art. 11 du règlement du 28 février 1723. Cass. 15 mai 1823. Pal. t. 3 de 1823, p. 413. S. 23-1-233. Dall. 23-1-229. Cass. 28 juillet 1827. Pal. t. 1 de 1828, p. 441. Dall. 27-1-327. Sir. 28-1-30. Trib. de Paris, 5 juillet 1826. Gaz. des Trib. n° 216. Motifs de Cass. du 10 novembre 1826. Sir. 27-1-373. Dall. 27-1-327. Bull. off. t. 31, p. 624. Nancy, 22 juillet 1828. Dall. 29-2-115. Par. p. 35. A. Dall. dict. v° Presse, n° 828 et 829. Néanmoins la Veuve non remariée du libraire peut, en son nom, continuer le commerce de son mari sans nouveau brevet. Art. 55 du Règlement du 28 février 1723. Par. p. 35. Coll. p. 21. Cass. 2 juin 1827. Sir. 27-1-466. Dall. 27-1-263. — Elle peut même augmenter ou diminuer l'étendue de ce commerce et en changer le mode. 2. Le brevet est donné pour un lieu déterminé. Cass. 15 mai 1823 ci-dessus. Cass. 28 avril 1827. Sir. 28-1-67. Bull. offic. t. 32, p. 285. D. 27-1-432. A. Dall. dict. v° Presse, n° 828 et 829. Par. p. 36. Coll. p. 21. 3. Par deux arrêts du Conseil des 13 mars 1730 et 10 septembre 1735, Défenses ont été faites aux Marchands Merciers-Grossiers-Jouilliers de vendre et débiter aucuns livres imprimés, à l'exception des A, B, C, Almanachs, petits Livres d'Heures et de Prières imprimés hors la ville de leur résidence et qui n'excèdent pas 2 feuilles d'impression du caractère dit cicéro, sous peine de confiscation et de 500 liv. d'amende. La Cour de Cass. en conformité de ces dispositions, a cassé, le 26 juin 1824, (Dall. 24-1-281, Bull. offic. t. 29, p. 262,) un arrêt de la Cour royale de Metz qui avait acquitté un marchand-mercier, prévenu d'avoir vendu une brochure de 147 pages, intitulée le *Grand Messager boiteux des Trib. de France*. Garnier p. 566. Bourg. t. 3, p. 581. 4. Les dispositions de l'Art. 11 de la loi du 21 octobre 1814 s'appliquent aux Bouquinistes vendant en leur domicile. Cass. 8

NUMÉRO D'ORDRE.	QUALIFICATION des CRIMES, DÉLITS ET CONTRAVENTIONS.	COMPÉTENCE.	PEINES ENCOURUES.	APPLICABILITÉ de l'art. 463 du Code pén. ou cas dans lesquels il est permis aux Juges d'abaisser la peine par l'admission des circonstances atténuantes.	OBSERVATIONS.
					décembre 1826, Dall. 27-1-359. Bull. offic. t. 31, p. 727, Gar… p. 1142. 5. Elles s'appliquent aux Colporteurs. Décis. du Ministre d… l'intérieur, Moniteur du 21 février 1825. Cass. 10 novemb… 1826. Dall. 27-1-330. Sir. 27-1-373. Bull. offic. t. 31, p. 6… Cass. 3 mars 1827. S. 27-1-177. D. 27-1-390. Bul. off.t. 3… p. 143. Pic. p. 103. Garn. p. 1143. (Sauf peut-être, dit Par… p. 37, le colportage spécial autorisé par le Règlement de 1723… 6. Le colportage des estampes et images ne constitue pa… profession de libraire. Cass. 3 mars 1827 ci-dessus. 7. L'Art. 11 de la loi du 21 octobre 1814 est applicable a… Loueurs de livres et à ceux qui tiennent un Cabinet de lectu… Lettre du Ministre de l'intérieur transcrite par Pic, p. 103. Ga… p. 1142. Cass. 30 décembre 1826. Dall. 27-1-368. Pal. t. 3… 1827, p. 557. Cass. 25 février 1836. Pal. t. 2 de 1836, p. 1… Jurisp. crim. 1836, p. 183. Cass. même affaire, 7 novemb. 18… Jurisp. crim. 1836, p. 360. Pal. t. 3 de 1836, p. 591. *Contrà*, Obs. ibid. *Aliud*, s'ils ne donnaient à lire que des journaux et des b… chures. Garn. p. 1143. 8. Il n'est pas applicable à l'Auteur qui vend ses ouvrages. A… 5 du règlement du 30 août 1777. Garn. p. 565. Par. p. … Cell. p. 21. 9. Ni aux Libraires-étaleurs-bouquinistes, appelés aussi *Bi… *lagister*. Art° 49 § 2 du décret du 5 février 1810; 3 du … cret du 11 juillet 1812. Les Étalagistes doivent seulement obtenir de l'autorité une p… mission et une fixation du lieu de l'étalage. Inst. ministérie… de 1823, rapp. par Pic, p. 103, Garn. p. 1142. Par. p. 37. 10. La contravention aux dispositions de l'Art. 11 de la loi d… 21 octobre 1814 ne saurait être excusée par la bonne foi du pré… venu. Cass. 12 septembre 1823. Pal. t. 4 de 1824, p. 575. … 23-1-414. V. Art° 21 not. 24; 38 not. 10; 42 not. 4; 52 not. … 53 not. 12; 70 not. 2 et 81 not. 3. 11. Sur le droit qu'a le Ministère public de poursuivre d'off… les contraventions en matière de libraire, V. la note 10 de l'A… 50 ci-dessus.
65.	**LIBRAIRE.** Possession, Mise en vente ou Distribution d'ouvrages sans le nom de l'imprimeur. Art. 19 de la loi du 21 oct. 1814.	Tribunal correction¹. Art. 21 de la loi du 21 octob. 1814.	Amende 2,000 fr. Art. 19 de la loi du 21 octobre 1814. Si le Libraire fait connaître le nom de l'imprimeur, l'amende sera réduite à 1,000 fr. Même Art. 19 de la loi du 21 octobre.	Art. 463 non applicable. Vid. cet art.	V. aux mots Imprimeur et Publication, n°° 52 et 90. 1. En cas de condamnation, le brevet peut être retiré au li… braire. Art. 12 de la loi du 21 octobre 1814. 2. Le libraire ne peut, en faisant connaître l'imprimeur, pr… fiter du bénéfice de l'art. 284 § 2 du cod. pén. qui ne pr… nonce que des peines de simple police : C'est mal-à-propos q… l'édition officielle du cod. pén. faite en 1832, a maintenu la … position de cet art. 284 § 2, abrogé par l'art. 19 de la loi … 21 octobre 1814. Par. p. 55. Cell. p. 25.

NUMÉRO D'ORDRE.	QUALIFICATION des CRIMES, DÉLITS ET CONTRAVENTIONS.	COMPÉTENCE.	PEINES ENCOURUES.	APPLICABILITÉ de l'art. 463 du Cod.-pén. ou cas dans lesquels il est permis aux Juges d'abaisser la peine par l'admission des circonstances atténuantes.	OBSERVATIONS.
64.	**LIVRES D'ÉGLISE.** Impression, Réimpression de Livres d'Église, Heures et Prières, sans la permission de l'Évêque diocézain, laquelle permission doit être textuellement rapportée et imprimée en tête de chaque exemplaire. Art. 1 du décret du 7 germinal an 13.	Tribunal correction¹. Décret du 15 juin 1819 ; Art. 179 c. d'inst. crim.	Dommages contre l'imprimeur d'une somme équivalente au prix de 3,000 exemplaires de l'édition originale. Et contre le débitant , d'une somme équivalente au prix de 500 exemplaire de l'édition originale. Art. 1 et 2 du décret du 7 germinal an 13, 4 et 5 du décret des 19-24 juillet 1793. Garnier (p. 987) pense que s'il ne s'agissait pas de contrefaçon , les Tribunaux correctionnels ne pourraient prononcer que la confiscation , encore fait il difficulté, sur le fondement qu'il n'y a pas de propriétaire à indemniser.	Art. 463 non applicable. V. cet art.	1. Les peines prononcées par le Décret des 19-24 juil. 1793 doivent être appliquées , sans préjudice du droit reconnu à l'Évêque en vertu des lois sur la propriété littéraire de poursuivre, par lui-même ou par ses cessionnaires , le contrefacteur de ses ouvrages, tels que Sermons , Catéchisme et Instructions, Cass. 26 thermidor an 12. Pal. t. 1 , p. 662, Dall. 4-1-578. S. 4-1-353. Cass. 30 avril 1825. Pal. t. 3 de 1825 , p. 472. Dall. 25-1-307. S. 25-1-204. Bourg. t. 3 , p. 470. Par. p. 18. Garn. p. 987. Q. de Merlin , v°Contrefaçon § 5. (V. au mot Contrefaçon Art. 21.) 2. Pour la législation antérieure au décret du 7 germinal an 13, Vid. le Réquisitoire du Procureur général Dupin dans l'affaire plaidée à la Cour de Cass. le 28 mai 1836. Pal. t. 2 de 1836, p. 337. 3. Le décret du 7 germinal ne confère point aux Évêques la propriété des ouvrages dont ils permettent l'impression ; cette permission une fois accordée, il est libre à tout imprimeur d'imprimer et de réimprimer l'ouvrage, et les Évêques ne peurent, par eux ou leurs cessionnaires, se porter parties civiles et poursuivre en contrefaçon. Décret du 17 juin 1809. (S. 17-2-152) Instructions du Directeur général de la librairie des 24 juin 1810, 13 mars 1811 et 26 novembre 1814. Colmar, 6 août 1833. D. 34-2-84. Pal. 3 de 1833, p. 584. Cass. 28 mai 1836. Pal. t. 2 de 1836, p. 337. *Contrà* , Par. p. 19. Cass. 23 juil. 1830. S. 30-1-293. Pal. t. 2 de 1830, p. 82. D. 30-1-364.
65.	**LOTERIES.** Faire connaître par des avis, annonces , affiches ou par tout autre moyen de publication , l'existence des Loteries françaises ou étrangères ou des opérations qui leur sont assimilées. Faciliter , par les mêmes moyens, l'émission des billets. Art. 4 de la loi du 21 mai 1836.	Tribunal correction¹. Art. 179 c. d'inst. crim. Argum. d'un jugement du Tribunal de Paris. Journal le Droit du 5 mars n° 453.	Emprisonnement 15 jours à 3 m. Amende 100 fr. à 2,000 fr. Art. 4 de la loi du 21 mai 1836; 111 Cod. pén.	Art. 463 applicable. Art. 4 et 5 de la loi du 21 mai 1836.	1. La loi du 21 mai 1836 sur la prohibition des Loteries , parle de plusieurs autres cas dont il n'est pas de notre sujet de nous occuper. 2. Les opérations qui sont assimilées aux loteries sont : les ventes d'immeubles , de meubles ou de marchandises, effectuées par la voie du sort , ou auxquelles auraient été réunies des primes ou autres bénéfices dus au hazard et généralement toutes opérations offertes au public pour faire naître l'espérance d'un gain qui serait acquis par la voie du sort. Art. 2 de la loi du 21 mai 1836. 3. Sont exceptées des dispositions prohibitives de la loi, les loteries d'objets mobiliers exclusivement destinées à des actes de bienfaisance et à l'encouragement des arts , lorsqu'elles auront été autorisées dans les formes qui seront déterminées par des réglemens d'administration publique. Art. 5 de la loi du 21 mai 1836.

NUMÉRO D'ORDRE.	QUALIFICATION des CRIMES, DÉLITS ET CONTRAVENTIONS.	COMPÉTENCE.	PEINES ENCOURUES.	APPLICABILITÉ de l'art. 463 du Cod. pén. ou cas dans lesquels il est permis aux juges d'abaisser la peine par l'admission des circonstances atténuantes.	OBSERVATIONS.
	O.				
66.	**OFFENSE** au Roi, commise publiquement. Art. 3 de la loi du 9 septembre 1835 ; 86 § 3 du cod. pén.; 1 et 9 de la loi du 17 mai 1819.	Cour d'assises. Art. 1 de la loi du 8 oct. 1830 ; 13 de la loi du 26 mai 1819 ; Cas. 31 mars 1832. Jurisp. crim. 1832 p. 93. D. 32-1-365. Cass. 28 janv. 1836. Bull. Off. t. 41, p. 33.	Emprisonnement 6 m. à 5 ans. Amende 500 fr. à 10,000 fr. Interdiction de tout ou partie des droits mentionnés en l'Art. 42 du Cod. pén. pendant un temps égal à l'emprisonnement (facultativement). Suppression ou destruction des objets saisis ou à saisir, en tout ou en partie, suivant qu'il y a lieu pour l'effet de la condamnation. Impression et affiche de l'arrêt (facultativement). Publication de l'arrêt dans le Moniteur. Art. 3 de la loi du 9 septembre 1835 ; 9 de la loi du 17 mai 1819 ; 26 de la loi du 26 mai 1819 ; 86 § 3 du Cod. pén. Si le délit a été commis par la voie d'un journal ou écrit périodique, l'amende sera de 1,000 fr. à 20,000 fr. Art. 12 de la loi du 9 septembre 1835 ; 10 de la loi du 9 juin 1819 ; 14 de la loi du 18 juillet 1828.	Art. 463 non applicable. V. cet art. Cassat. 11 août 1832. Pal. t. 3 de 1832, p. 366. Cass. 17 oct 1832. B. off. t. 37, p. 588.	1. Le délit *d'Offense au Roi* était d'abord qualifié *d'Offense envers la personne du Roi*, et puni de peines correctionnelles par l'art. 9 de la loi du 17 mai 1819. — Le § 3 de l'art. 86 du c. pén., inséré dans l'édition officielle de 1832, abroge implicitement cet article 9 dont il répète presque dans les mêmes termes les dispositions. — Plus tard, est intervenue la loi du 9 sept. 1835 qui a distingué entre les *Offenses publiques au Roi* ayant pour but d'exciter à la haine ou au mépris de sa personne ou de son autorité constitutionnelle et les autres *Offenses au Roi* qui n'ont pas ce caractère. Dans le premier cas, elle a qualifié l'offense *d'Attentat à la sûreté de l'état* : (V. ci-dessus Art. 10.) pour le 2e cas, elle a renvoyé à l'art. 9 de la loi du 17 mai dont elle fait ainsi revivre les dispositions. 2. A s'en tenir aux termes de l'Art. 2 de la loi du 9 sept. 1835, il semblerait que toute offense au Roi, même celle qui n'aurait eu aucune publicité, serait passible de peines correctionnelles : la combinaison des articles cités dans la note précédente et l'ensemble de la discussion de la loi du 9 septembre, doivent néanmoins amener à décider que les seules offenses publiques peuvent être punies des peines édictées par l'Art. 9 de la loi du 17 mai 1819. V. Art. 34 not. 7 ; art. 56 not. 4 ; Art. 57 not. 2 ; art. 72 not. 1 ; art. 74 not. 3 ; art. 77 not. 2 ; V. aussi Art. 6 not. 5, 6 et 7 et Art. 34 not. 5. 3. En matière d'offense en général, les prévenus ne peuvent être admis à prouver la vérité des faits allégués. Par. p. 810. — Ainsi jugé pour le cas d'offense au Roi, par la Cour de Cassation le 20 juillet 1832. Dall. 33-1-39. S. 32-1-336. Pal. t. 2 de 1833, p. 38. Jurisp. crim. 1833, p. 91. Vid. not. D à la fin du volume.
67.	**OFFENSE**, par l'un des moyens énoncés en l'art. 1 de la loi du 17 mai 1819, envers les membres de la Famille Royale. Art. 10 et 1 de la loi du 17 mai 1819.	Cour d'assises. Art. 1 de la loi du 8 oct.	Emprisonnement 1 mois à 3 ans. Amende 100 à 5,000 f. Suppression ou destruction des objets saisis ou à saisir, en tout ou en partie, suivant qu'il y a lieu pour l'effet de la condamnation. Impression et affiche de l'arrêt (facultativement). Publication de l'arrêt dans le Moniteur. Art. 10 de la loi du 17 mai 1819 ; 26 de la loi du 26 mai 1819.	Art. 463 non applicable. V. cet art. Cassat. 11	1. L'expression *Offense* dans les Art. 10, 11 et 12 de la loi du 17 mai 1819 a été préférée aux mots *Diffamation*, *Imputation* ou *Allégation offensante* ou *Injure*, parce que l'offense ne suppose pas, comme la diffamation, l'effet de porter atteinte à l'honneur et à la considération et par cette raison encore, qu'il était à craindre, si on employait les mots Imputation, etc., que par suite de la relation de la loi du 17 mai avec celle du 26 du même mois, on ne déférât le délit aux Tribunaux correctionnels, tandis que son importance, relativement aux personnes ou aux grands corps de l'État, commandait qu'il eût pour juge le Jury. V. Rapp. de la Commission et Discuss. de la loi à la Chamb. des Députés, séance du 16 avril. 2. L'Art. 10 de la loi du 17 mai 1819 pourrait être appliqué au cas où l'offense aurait lieu à l'égard d'un membre de la Famille Royale décédé. Jugement du Trib. d'appel de Privas, confirmé par la Cour de Cass. le 24 avril 1823. Pal. t. 2 de 1823, p. 369.

NUMÉRO D'ORDRE.	QUALIFICATION des CRIMES, DÉLITS ET CONTRAVENTIONS.	COMPÉTENCE.	PEINES ENCOURUES.	APPLICABILITÉ de l'art. 463 du Cod. pén. ou cas dans lesquels il est permis aux Juges d'abaisser la peine par l'admission des circonstances atténuantes.	OBSERVATIONS.
		1830; 13 de la loi du 26 mai 1819.	Si le délit a été commis par la voie d'un journal ou écrit périodique, l'amende sera de 200 fr. à 10,000 fr. Art. 10 de la loi du 9 juin 1819; 14 de celle du 18 juillet 1828.	août 1832. Jurisp. crim. 1832, p. 238. Pal. t. 3 de 1833, p. 365.	Dall. Jurisp. gén. t. 11, p. 92. Sir. 23-1-261. V. Art. 37 ci-dessus not. 9.
68.	OFFENSE, par l'un des moyens énoncés en l'art. 1 de la loi du 17 mai 1819, envers les Chambres ou l'une d'elles. Art. 11 et 1 de la loi du 17 mai 1819.	Cour d'assises. Art. 1 de la loi du 8 oct. 1830; 13 de la loi du 26 mai 1819. A moins que les Chambres n'évoquent et ne jugent elles-mêmes. Art. 3 de la loi du 8 oct. 1830; 15 de la loi du 25 mars 1822.	Emprisonnement 1 mois à 3 ans. Amende 100 à 5,000 f. Suppression ou destruction des objets saisis ou à saisir, en tout ou en partie, suivant qu'il y a lieu pour l'effet de la condamnation. Impression et affiche de l'arrêt (facultativement). Publication de l'arrêt dans le Moniteur. Art. 11 de la loi du 17 mai 1819; 26 de la loi du 26 mai 1819. Si le délit a été commis par la voie d'un journal ou écrit périodique, l'amende sera de 200 à 10,000 f. Art. 10 de la loi du 9 juin 1819; 14 de la loi du 18 juillet 1828.	Art. 463 non applicable. V. cet art.	V. au mot Compte-rendu, n° 18. 1. Dans le cas d'Offense envers les Chambres ou l'une d'elles, par voie de publication, la poursuite n'aura lieu qu'autant que la Chambre qui se croira offensée, l'aura autorisée. Art. 2 de la loi du 26 mai 1819; 15 de la loi du 25 mars 1822; 3 de la loi du 8 octobre 1830. V. Art. 18 not. 13; 21 not. 26; 34 not. 14; 35 not. 9 et 10; 36 not. 3 et suiv.; 37 not. 11 et suiv.; 50 not. 10; 56 not. 5; 57 not. 3; 62 not. 11; 69 not. 1; 72 not. 3; 74 not. 14 et 77 not. 7. 2. Il n'appartient pas aux Tribunaux de décider que l'Offense envers une Chambre dissoute ne constitue aucun délit. A défaut de délibération qui autorise les poursuites, les Tribunaux doivent se borner à déclarer qu'ils ne sont pas régulièrement saisis. Cass. 7 décembre 1827. Bull. offic. t. 32, p. 908. Sir. 28-1-186. Dall. 28-1-51.
69.	OFFENSE, par l'un des moyens énoncés en l'art 1 de la loi du 17 mai 1819, envers la personne des Souverains ou envers celle des Chefs des Gouvernemens Étrangers. Art. 12 et 1 de la loi du 17 mai 1819.	Cour d'assises. Art. 1 de la loi du 8 oct. 1830; 13 de la loi du 26 mai 1819.	Emprisonnement 1 mois à 3 ans. Amende 100 à 5,000 f. Suppression ou destruction des objets saisis ou à saisir, en tout ou en partie, suivant qu'il y a lieu pour l'effet de la condamnation. Impression et affiche de l'arrêt (facultativement). Publication de l'arrêt dans le Moniteur. Art. 12 de la loi du 17 mai 1819; 26 de la loi du 26 mai 1819.	Art. 463 non applicable. V. cet art.	Dans le cas d'Offense envers la personne des Souverains ou celle des Chefs des Gouvernemens étrangers, la poursuite n'aura lieu que sur la plainte ou à la requête du Souverain ou du Chef du Gouvernement offensé. Art. 3 de la loi du 26 mai 1819; 4 et 5 de la loi du 8 octobre 1830. V. not. 1 de l'Art. précédent.

NUMÉRO D'ORDRE.	QUALIFICATION des CRIMES, DÉLITS ET CONTRAVENTIONS.	COMPÉTENCE.	PEINES ENCOURUES.	APPLICABILITÉ de l'art. 463 du Cod. pén. ou cas dans lesquels il est permis aux Juges d'abaisser la peine par l'admission des circonstances atténuantes.	OBSERVATIONS.
			Si le délit a été commis par la voie d'un journal ou écrit périodique, l'amende sera de 200 à 10,000 fr. Art. 10 de la loi du 9 juin 1819; 14 de la loi du 18 juillet 1828.		
70.	**OUTRAGER** ou **TOURNER EN DÉRISION**, par l'un des moyens énoncés en l'art. 1 de la loi du 17 mai 1819, la Religion de l'État (aujourd'hui la Religion professée par la majorité des français) ou toute autre Religion dont l'établissement est légalement reconnu en France. Art. 1 de la loi du 25 mars 1822; 1 de la loi du 17 mai 1819.	Cour d'assises. Art. 1 de la loi du 8 oct. 1830; 13 de la loi du 26 mai 1819.	Emprisonnement 3 mois à 5 ans. Amende 300 fr. à 6,000 fr. Suppression ou destruction des objets saisis ou à saisir, en tout ou en partie, suivant qu'il y a lieu pour l'effet de la condamnation. Impression et affiche de l'arrêt (facultativement). Publication de l'arrêt dans le Moniteur. Art. 1 de la loi du 25 mars 1822; 26 de la loi du 26 mai 1819. Si le délit a été commis par la voie d'un journal ou écrit périodique, l'amende sera de 600 fr. à 12,000 fr. Art. 13 de la loi du 25 mars 1822; 10 de la loi du 9 juin 1819; 14 de la loi du 18 juillet 1828.	Art. 463 non applicable. V. cet art. Arg. de l'art. 14 de la loi du 25 mars 1822 et de Cass. du 19 janv. 1827. Bull. off. t. 32, p. 35.	V. les nos suivans. 1. L'Art. 1 de la loi du 25 mars 1822 remplace en partie l'art. 8 de la loi du 17 mai 1819, en qualifiant d'une manière plus explicite et en punissant d'une peine plus sévère, le délit d'*Outrage à la Morale religieuse*, dont il était question dans cet art. 8. V. Discuss. à la Chambre des Députés, séance du 3 décembre 1821. Par. suppl. p. 424 not. Cell. p. 33. Bourg. t. 3, p. 564. *Contrà*, Cass. 18 septemb. 1829, Dall. 29-1-357. Jurisp. crim. 1829, p. 347. L'Outrage *aux bonnes mœurs* continue à être puni par l'art. 8 de la loi du 17 mai, ci-dessus énoncé. V. à l'Art. suiv. 2. La Cour de Paris a jugé le 15 janvier 1825, Dall. 25-2-151, que l'Art. 8 de la loi du 17 mai (aujourd'hui l'Art. 1 de la loi du 25 mars), pourrait être appliqué à la réimpression d'un ouvrage dont les premières éditions n'auraient été l'objet d'aucune poursuite. V. notes 10 de l'Art. 6 et 4 de l'Art. 39. — Elle a aussi décidé que dans cette hypothèse, on pouvait exempter le libraire de la prison et de l'amende en raison de sa bonne foi. Même arrêt. V. Arts 21 not. 21; 38 not. 10; 42 not. 1; 52 not. 11; 53 not. 12; 62 not. 10 et 81 not. 3. 3. L'Outrage et la Dérision envers la Religion ne sont qu'une modification du même délit et non deux délits distincts; Ainsi, un prévenu peut être condamné en appel pour avoir tourné en dérision la religion de l'État, quoique la citation de première instance n'énonce que le délit d'outrage, et qu'il soit acquitté sur ce fait. Cass. 15 janvier 1830, Pal. 1. 1 de 1830, p. 562. Jurisp. crim. 1830, p. 38. 4. L'enlèvement des signes publics d'une Religion ne rentre pas dans l'application des lois sur la presse; ce délit serait placé sous les coups de l'Art. 256 Cod. pén. Par. p. 136.
71.	**OUTRAGE**, par l'un des moyens énoncés en l'art. 1 de la loi du 17 mai 1819, à la Morale publique ou aux Bonnes Mœurs. Art. 8 et 1 de la loi du 17 mai 1819; 11 de l'ordonnance du 24 oct. 1814.	Cour d'assises. Art. 1 de la loi du 8 oct. 1830; 13 de	Emprisonnement 1 m. à 2 ans. Amende 16 à 1,000 fr. Confiscation des planches et exemplaires imprimés ou gravés, de chansons, figures et autres objets du délit. Suppression ou destruction des objets saisis ou à saisir, en tout ou en partie, suivant qu'il y a lieu pour l'effet de la condamnation. Impression et affiche de l'arrêt (facultativement).	Art. 463 non applicable. V. cet art. Cassat. 12 janv. 1827.	V. not. de l'Art. précédent sur l'Outrage à la morale religieuse. 1. L'atténuation des peines dont il est parlé dans l'Art. 288 Cod. pén. en faveur des *Crieurs, Vendeurs* ou *Distributeurs* ne s'applique qu'aux Crieurs, Vendeurs et Distributeurs dûment autorisés. V. aux Arts Crieur no 26 et Publication no 90. 2. A l'égard de l'*Imprimeur* qui a droit aussi à l'atténuation de peines dans le cas prévu par l'Art. 288, n'oublions pas que pour qu'il puisse être poursuivi, il faut qu'il ait agi sciemment. Art. 24 de la loi du 26 mai 1819. V. aux mots Imprimeur no 54 not. 5, Provocation no 81 not. 4 et Publication no 90 not. 1. 3. Ne perdons pas de vue non plus que les poursuites qui peu

NUMÉRO D'ORDRE.	QUALIFICATION des CRIMES, DÉLITS ET CONTRAVENTIONS.	COMPÉTENCE.	PEINES ENCOURUES.	APPLICABILITÉ de l'art. 463 du Code pén. ou cas dans lesquels il est permis aux Juges d'abaisser la peine par l'admission des circonstances atténuantes.	OBSERVATIONS.
		la loi du 26 mai 1819.	Publication de l'arrêt dans le Moniteur.	Pal. t. 2 de 1828, p. 11. Bull. off. 32 p. 18.	vent être dirigées contre l'imprimeur, en vertu des Art. 8 de la loi du 17 mai 1819, 288 et 475 du Code pén. ne sont pas incompatibles avec celles que nous avons déjà vu devoir être exercées, quand l'imprimeur n'a pas fait connaître son nom et sa demeure. V. au mot Imprimeur nº 52.
		Tribunal de simple police. En cas d'application de la peine réduite.	Art. 8 de la loi du 17 mai 1819; 8 § 2 de la loi du 9 septembre 1835; 26 de la loi du 26 mai 1819; 287 du Cod. pén. Si le délit a été commis par la voie d'un journal ou écrit périodique, l'amende sera de 32 fr. à 2,000 fr.	Excepté dans le cas où la peine portée par les Art. 288, 475 § 13 et 477 du cod. pén. devrait être appliquée.	4. L'Art. 289 Cod. pén. qui porte que l'*Auteur*, quand il sera connu, subira le maximum de la peine attachée à l'espèce du délit n'est plus applicable au délit d'outrage aux bonnes mœurs. Par. p. 78. V. toutefois les discuss. à la Chamb. des Députés, séances des 10 et 19 avril 1819. V. aussi Cell. p. 31.
		Art. 139 c. d'inst. crim. Legraverend t. 2, p. 340.	Art. 12 de la loi du 9 septembre 1835; 10 de la loi du 9 juin 1819; 14 de la loi du 18 juillet 1828. La condamnation sera réduite à des peines de simple police, c'est-à-dire, à une amende de 6 fr. à 10 f. et à la confiscation, à l'égard des Crieurs, Vendeurs ou Distributeurs qui auront fait connaître la personne qui leur a remis l'objet du délit, à l'égard de quiconque aura fait connaître l'Imprimeur ou le Graveur, et à l'égard de l'Imprimeur ou du Graveur qui auront fait connaître l'auteur ou la personne qui les aura chargé de l'impression ou de la gravure. Art. 288, 475 § 13 et 477 C. pén.	Art. 463 § 2 cod. pén.	Nous n'avons pas besoin de faire observer que dans le cas où les Tribunaux jugeraient convenable de faire d'application de cet art. 289 Cod. pén., l'Art. 463 du même code pourrait aussi être invoqué.
72.	**OUTRAGE** fait à un Ministre de la Religion de l'État (aujourd'hui de la Religion professée par la majorité des Français) ou de l'une des Religions légalement reconnues en France, dans l'exercice de ses fonctions. Art. 6 § 3 de la loi du 25 mars 1822.	Tribunal correction'. Art. 179 du code d'inst. crim.	Emprisonnement 3 mois à 5 ans. Amende 300 à 6,000 f. Art. 6 et 1 de la loi du 25 mars 1822.	Art. 463 non applicable. V. cet art. Argum. de l'Art. 14 de	V. aux Art. ci-après. MM. Par. p. 137 et Cell. p. 57 soutiennent que l'Art. 6 § 3 de la loi du 25 mars n'a pas abrogé l'Art. 262 Cod. pén., en ce qui concerne les Outrages non publics faits à un Ministre de la Religion dans l'exercice de ses fonctions, il semble cependant que le soin qu'a mis le législateur à écarter de la rédaction du 3e § de l'Art. 6, les mots *publiquement d'une manière quelconque*, que nous trouvons dans le § 1 de cet article, doivent faire penser que l'art. 262 est entièrement abrogé, et que l'Art. 6 régit les outrages aux Ministres des cultes, qu'ils aient été publics ou non. V. Art. 71 not. 3. 7. Le Ministère public n'a pas besoin d'autorisation à l'effet de poursuivre l'auteur d'un Outrage commis envers un Ministre du

NUMÉRO D'ORDRE.	QUALIFICATION des CRIMES, DÉLITS ET CONTRAVENTIONS.	COMPÉTENCE.	PEINES ENCOURUES,	APPLICABILITÉ de l'art. 463 du Cod. pén. ou cas dans lesquels il est permis aux Juges d'abaisser la peine par l'admission des circonstances atténuantes.	OBSERVATIONS.
				la loi du 25 mars 1822.	culte dans l'exercice de ses fonctions, Cass. 10 janvier 1833. Dall. 33-1-369. Sir. 33-1-218. Jurisp. crim. 1833, p. 28. Pal. t. 2 de 1833, p. 269. V. Arts 18 not. 13; 21 not. 26; 34 not. 14; 35 not. 9 et 10; 36 not. 3 et suiv. ; 37 not. 11 et suiv. ; 50 not. 10; 56 not. 5 ; 57 not. 3 ; 62 not. 11; 68 et 69 not. 1; 74 not. 11 et 77 not. 7. 3. Si les outrages, dans les différens cas prévus par l'Art. 6 de la loi du 25 mars 1822, ont été accompagnés d'excès ou de violences, V. les Arts 228, 231, 233 et 263 du Cod. pén. combinés avec le § 4 de cet Art. 6.
73.	**OUTRAGE** par paroles ou par gestes, envers les objets d'un culte, dans les lieux destinés ou servant actuellement à son exercice. Art. 262 du Cod. pénal.	Tribunal correction¹. Art. 179 c. d'inst. crim.	Emprisonnement 15 jours à 6 mois. Amende 16 à 500 fr. Art. 262 cod. pén.	Art. 463 applicable. V. cet art.	V. à l'Art. 70 ci-dessus. 1. L'Art. 262 punissait aussi les Outrages faits aux Ministres d'un culte dans l'exercice de leurs fonctions, mais il a été abrogé en cette partie par l'Art. 6 § 3 de la loi du 25 mars 1822. V. Art. précédent. 2. Une rue pendant le passage d'une procession est considérée légalement comme un lieu servant actuellement à l'exercice du culte. Trib. d'Étampes. Gaz. des Tribunaux du 17 juillet 1831. n° 1844.
74.	**OUTRAGE** par paroles, tendant à inculper leur honneur et leur délicatesse, envers un ou plusieurs Magistrats de l'ordre administratif ou judiciaire, dans l'exercice de leurs fonctions. Art. 222 du Code pénal.	Tribunal correction¹. Art. 179 c. d'inst. crim.	Emprisonnement 1 mois à 6 mois. Réparation (facultativement). Arts 222, 226 cod. pén. Si l'outrage a eu lieu à l'audience d'une Cour ou d'un Tribunal; Emprisonnement 2 à 5 ans. Réparation (facultativement). Arts 222 § 2, 226 cod. pén.	Art. 463 applicable. V. cet art.	V. aux Articles suivans. 1. La Réparation que les Tribunaux peuvent ordonner dans les cas prévus par les Arts 222 et suiv. du Cod. pén. se fait, soit à l'audience, soit par écrit, et le temps de l'emprisonnement prononcé n'est compté qu'à dater du jour de cette réparation. Art. 226 Cod. pén. — Il faut observer, toutefois, avec Dalloz, Jurisp. gén. t. 11, p. 126 et suiv. notes 2 et 3, que cette peine antipathique à nos mœurs, est, pour ainsi dire, tombée en désuétude, et qu'il n'y a pas d'exemple qu'elle ait été prononcée par les Tribunaux. 2. L'Art. 222 du Cod. pén. a été abrogé par l'Art. 6 de la loi du 25 mars 1822, en sa disposition relative aux Outrages faits aux Magistrats, *à raison de leurs fonctions ou de leur qualité*, mais il n'a point été abrogé par cet art. 6, non plus que par les arts 16 et 19 de la loi du 17 mai 1819, en sa disposition qui régit les outrages qui leur sont faits *dans l'exercice de leurs fonctions*. Rapp. à la Chamb. des Députés, séance du 10 avril 1819. Cass. 17 mars 1820. Pal. t. 22, p. 277. Dall. Jurisp. gén. t. 11, p. 98. Sir. 20-1-270. Arg. de Cass. 28 août 1823. Bull. off. t. 28, p. 361. Motifs de Cass. du 17 février 1832. Pal. t. 1 de 1832, p. 564. Jurisp. crim. 1832, p. 52. Dall. 32-1-93. Sir. 32-1-161. Cass. 4 juillet 1833. Jurisp. crim. 1833, p. 309. Dall. 33-1-320. Paris, 14 janvier 1834. Gaz. des Trib. n° 2629. Paz. p. 136. A. Dall. Dict. v° Presse, n° 165. Carnot, t. 1, p. 554. Bourg. t. 3, p. 221. — Dans l'affaire des Amis du Peuple, qui a donné lieu à l'arrêt de cassation ci-dessus rapporté du 27 fév. 1832, la Cour d'Assises de Paris avait cependant appliqué l'art. 6 de la loi du

NUMÉRO D'ORDRE.	QUALIFICATION des CRIMES, DÉLITS ET CONTRAVENTIONS.	COMPÉTENCE.	PEINES ENCOURUES.	APPLICABILITÉ de l'art. 463 du Cod. pén. ou cas dans lesquels il est permis aux Juges d'abaisser la peine par l'admission des circonstances atténuantes.	OBSERVATIONS.
					25 mars 1822 à des délits d'outrage aux Magistrats dans l'exercice de leurs fonctions. 3. Il n'est pas nécessaire, dans le cas de l'application des Art* 222 et suiv. du Cod. pén. que l'outrage commis envers le Magistrat, l'Officier ministériel ou l'Agent de la force publique ait été public. Cass. 13 mars 1812 (Notaire.) Pal. t. 13, p. 241. Dall. Jurisp. gén. t. 11, p. 97. Sir. 12-1-381. Cass. 2 avr. 1825 (Procureur du Roi.) Sir. 26-1-250. Dall. 25-1-297. Bull. off., t. 30, p. 193. Cass. 23 janv. 1829, (Garde-champêtre.) Jurisp. crim. 1829, p. 72. Arg. de Cass. 20 février 1830. (Huissier et Brigadier forestier.) Dall. 30-1-131. Bull. off. t. 35, p. 108. Bourg. t. 3, p. 223. Par. p. 135. A. Dall. Dict. v* Presse, n° 165. V. Art* 34 not. 7; 56 not. 4; 57 not. 2; 66 not. 2; 72 not. 1; 77 not. 2. V. aussi Art* 6 not. 5, 6 et 7 et 34 not. 5. 4. Il n'est pas nécessaire non plus que le Magistrat, l'Officier ministériel ou l'Agent de la force publique soit présent à l'outrage. Cass. 10 avril 1817 (Juge de paix.) Pal. t. 19, p. 339. Dall. 17-1-353. Sir. 18-1-24. Arg. de Cass. 18 juillet 1828 (Maire.) Jurisp. crim. 1829, p. 9. Dall. 28-1-337. Carnot, t. 1, p. 551. Bourg. t. 3, p. 226. V. not. 2 de l'Art. 78. 5. L'Outrage serait punissable, quand bien même le Magistrat ne serait pas décoré de son costume : il suffit que le prévenu ait connu sa qualité. Carnot, t. 1, p. 551. Bourg. t. 3, p. 219. Cass. 26 mars 1813. Bull. offic. t. 18, p. 135. Sir. 13-1-391. Dall. Jurisp. gén. t. 11, p. 96. *Contrà*, Arg. d'un arrêt de la Cour royale de Riom du 9 mars 1828. Pal. t. 1 de 1829, p. 47, (qui juge que la résistance à un Gendarme dépourvu de tout signe extérieur de sa profession, ne constitue pas un délit.) 6. L'Outrage serait punissable, alors même que le Magistrat ou l'Officier ministériel agirait hors de sa compétence, ou en contravention à la loi. Cass. 1 avril 1813. Sir. 13-1-324. Dall. Jurisp. gén. t. 11, p. 97, Rép. de Merlin, v° Injures § 2 n° 9 bis, Fav. Rép. v° Injure § 2 n° 14. Cass. 20 février 1830 ci-dessus, Bourg. t. 3, p. 219. V. par analogie, les arrêts rendus dans le même sens par la Cour de Cass. sur la question de la résistance à des ordres illégaux, les 15 avril 1812. Dall. Jurisp. gén. t. 12, p. 555. Sir. 12-1-595 ; 23 mars 1817. Dall. 17-1-305 ; 16 mai 1817. Dall. Jurisp. gén. t. 12, p. 556 ; 14 avril 1820. Dall. ibid, p. 555 ; 5 janvier 1821. Dall. 21-1-111. Sir. 21-1-122. Pal. t. 23, p. 15; 3 septembre 1824. Dall. 24-1-403 ; 15 juillet 1826. Dall. 26-1-417 ; 26 févr. 1829. Jurisp. crim. 1829, p. 184 ; 20 févr. 1830. Dall. 30-1-131. Bull. offic. t. 35, p. 108 ; l'arrêt de la Cour royale de Paris du 27 mars 1827 (affaire Isambert). Pal. t. de 1828, p. 145. D. 27-2-110 ; le jugement rendu par le Tribunal de Valence le 23 août 1828. Gaz. des Trib. du 5 sept., n° 960 et l'opinion de Bourguignon sur l'Art. 97 Cod. d'Inst. crim. et sur l'Art. 209 Cod. pén. et de Dalloz Jurisp. gén. t. 12, p. 551. — V. en sens contraire, les arrêts des Cours royales de Lyon du 24 août 1826. Dall. 27-2-109 ; de Nismes du 21 no-

NUMÉRO D'ORDRE.	QUALIFICATION des CRIMES, DÉLITS ET CONTRAVENTIONS.	COMPÉTENCE.	PEINES ENCOURUES.	APPLICABILITÉ de l'art. 463 du Cod. pén. au cas dans lesquels il est permis aux Juges d'abaisser la peine par l'admission des circonstances atténuantes.	OBSERVATIONS.
					vembre 1826, Dall. ibid. ; de Riom du 4 janvier 1827, Dall. ib. ; de Lyon du 10 juin 1824 ; de Toulouse du 23 février 1826 et de Limoges du 14 septembre 1826 , indiqués par Coff. Traité de la Lib. individ. et l'opinion de Joasse, Traité de la Just. crim. part. 4 , tit. 45 , n° 8 ; de Carnot t. 1 , p. 527 et de Sirey 1821-1-122. 7. L'Art. 222 du Code pén. n'a pas été abrogé par l'Art. 23 de la loi du 17 mai 1819. Cass. 27 février 1832 ci-dessus. 8. Un juge de paix qui accorde un entretien à une partie , au sujet d'un jugement qu'il a rendu , est dans l'exercice de ses fonctions : l'Art. 222 du Code pén. est applicable à l'outrage qui serait commis à son égard dans cette circonstance. Cass. 16 août 1819, Dall. Jurisp. gén. t. 11 , p. 95. 9. L'Art. 222 est également applicable à l'outrage commis envers un Maire qui accompagne les commissaires classificateurs des propriétés. Cass. 28 février 1826, Pal. t. 3 de 1826 , p. 399, Dall. 28-1-156. 10. Même décision pour le cas d'Outrage commis à l'égard d'un Maire qui assiste aux délibérations du Conseil de fabrique. Cass. 28 août 1823, Bull. offic. t. 28 , p. 360. 11. Même décision pour le cas d'Outrage à l'égard de l'Adjoint au Maire qui , requis par un huissier , assiste à une ouverture de portes. Cass. 1 avril 1813, rapp. par Carnot , t. 1 , p. 551. 12. L'Art. 222 est applicable à l'Outrage commis à l'égard des Commissaires de police , non seulement quand ils remplissent les fonctions de Ministère public près le Tribunal de simple police. Arg. de Cass. 7 août 1818. Dall. 18-1-614 ; non seulement quand ils exercent la police judiciaire. Cass. 30 juillet 1812. Pal. t. 13, p. 71. Sir. 13-1-73. Bourg. t. 3 , p. 230 ; mais encore lorsqu'ils accomplissent les autres devoirs de leur charge. Cass. 13 juin 1828. Dall. 28-1-978, Bull. off. t. 33, p. 451. (Dans l'espèce de cet arrêt , c'est l'Art. 6 de la loi du 25 mars 1822 qui a été appliqué.) Cass. 4 juillet 1833, Jurisp. crim. 1833 , p. 309, Dall. 33-1-320. Bull. off. t. 38 , p. 325. Cass. 4 mars 1837. Gaz. des Trib. du 24 , n° 3599. *Contrà*, Cass. 7 août 1818 ci-dessus, et Caen rapp. au Journal le Droit du 9 juin 1837 , n° 545 , qui déclarent applicable l'Art. 224. V. not. 13 de l'Art. 76. 13. L'Art. 222 n'est pas applicable à l'Outrage commis envers un Percepteur des contributions. Cass. 26 juillet 1821. Dall. 21-1-443, Sir. 21-1-417. 14. Dans le cas de l'application de l'Art. 222 et suiv. du Code pén. la plainte du Fonctionnaire , de l'Officier ministériel ou de l'Agent de la force publique outragé, n'est pas nécessaire pour que le Ministère public puisse diriger des poursuites. Cass. 27 février 1832. Pal. t. 1 de 1832 , p. 564. Jurisp. crim. 1832 p. 52. Dall. 32-1-93. Sir. 32-1-161. Par. p. 212, V. not. 2 de l'Art. 72 ci-dessus. 15. En matière d'Outrage et pour l'admissibilité de la preuve des faits diffamatoires, une distinction doit être établie ; S'il s'agit d'Outrage punissable par le Cod. pén. c'est-à-dire

NUMÉRO D'ORDRE.	QUALIFICATION des CRIMES, DÉLITS ET CONTRAVENTIONS.	COMPÉTENCE.	PEINES ENCOURUES.	APPLICABILITÉ de l'art. 463 du Cod. pén. ou cas dans lesquels il est permis aux Juges d'abaisser la peine par l'admission des circonstances atténuantes.	OBSERVATIONS.
					d'un Outrage fait envers un Fonctionnaire public dans l'exercice de ses fonctions, la preuve doit être rejetée. Par. p. 348. Nancy, 20 août 1835. Jurisp. crim. 1835, p. 295. Observ. de Chauveau, ibid. p. 53. Carnot, t. 1, p. 555. (V. aussi un arrêt de la Cour de Cass. du 27 juin 1811. Sir. 11-1-338. Pal. t. 12, p. 513.) — *Contrà.* Cour d'assises du Cantal du 26 novembre 1835. Jurisp. crim. 1835, p. 101. Pal. t. 2 de 1835, p. 437. S'il s'agit, au contraire, d'un Outrage prévu par l'Art. 6 de la loi du 25 mars 1822, c'est-à-dire, d'un Outrage commis envers un Fonctionnaire public, à raison de ses fonctions ou de sa qualité, la preuve doit être admise. Art. 20 de la loi du 26 mai 1819. Par. p. 348. V. note D à la fin du volume.
73.	**OUTRAGE** fait par gestes ou menaces, envers un Magistrat dans l'exercice de ses fonctions. Art. 223 cod. pén.	Tribunal correctionl. Art. 179 c. d'inst. crim.	Emprisonnement 1 à 6 mois. Réparation (facultativement). Art. 223, 225 cod. pén. Si l'outrage a eu lieu à l'audience d'une Cour ou d'un Tribunal ; Emprisonnement 1 mois à 2 ans. Réparation (facultativement). Art. 223, 226 cod. pén.	Art. 463 applicable. Vid. cet art.	V. l'Art. précédent. 1. Il faut pour qu'il soit punissable, que l'Outrage par gestes ou menaces, comme l'outrage par paroles, tende à inculper l'honneur et la délicatesse du Magistrat. Carnot, t. 1, p. 555. 2. Lorsqu'un Outrage est fait à un Magistrat dans l'exercice de ses fonctions, ce Magistrat doit procéder ainsi qu'il est dit en l'art. 91 du cod de proc. civ. V. Carnot, t. 1, p. 233.
76.	**OUTRAGE** par paroles, gestes ou menaces, à tout Officier ministériel ou Agent de la force publique, dans l'exercice, ou à l'occasion de l'exercice de ses fonctions. Art. 224, 225 cod. pén.	Tribunal correctionl. Art. 179 c. d'inst. crim. Cass. 19 mai 1827. Bull. off. t. 32, p. 426.	Amende 16 à 200 fr. Art. 224 cod. pén. Si l'outrage a été dirigé contre un Commandant de la force publique ; Emprisonnement 6 jours à 1 m. Réparation (facultativement). Art. 225, 226 cod. pén.	Art. 463 applicable. V. cet art.	V. aux mots Diffamation et Injure, Arts 36 et 56. 1. L'Art. 6 de la loi du 25 mars 1822, qui a fait droit nouveau à l'égard des Magistrats de l'ordre administratif et judiciaire, en distinguant les Outrages commis envers eux, à raison de leur fonction ou de leur qualité, de ceux qui leur étaient faits dans l'exercice de leur fonction (V. ci-dessus, Art. 74 not. 2.), ne s'est pas occupé des Outrages commis à l'égard des *Officiers ministériels ou Agens de la force publique* : Il n'y a donc point à distinguer, quant aux Outrages commis envers eux, s'ils l'ont été dans l'exercice ou à l'occasion de l'exercice de leurs fonctions : dans tous les cas, l'art. 224 du Cod. pén. doit être appliqué. 2. Sur cet Art. 224, M. Carnot fait observer que pour être punissable, l'Outrage à un Officier ministériel ou à un Agent de la force publique doit être de nature à porter atteinte à l'honneur et à la délicatesse de cet officier ou de cet agent. Carnot, t. 1, p. 558. 3. Il est applicable à l'Outrage commis envers un Notaire. Carn. t. 1, p. 559. Cass. 13 mars et 8 septembre 1812. Pal. t. 13, p. 241. Dall. Jurisp. gén. t. 11, p. 97. Arg. de Cass. du 22 juin 1809. Pal. t. 10, p. 494. Dall. 10-1-114. V. not. 6 de l'Art. 57 ci-dessus. 4. L'Art. 224 est applicable aux Outrages commis envers la

NUMÉRO D'ORDRE.	QUALIFICATION des CRIMES, DÉLITS ET CONTRAVENTIONS.	COMPÉTENCE.	PEINES ENCOURUES.	APPLICABILITÉ de l'art. 463 du Code pén. ou cas dans lesquels il est permis aux Juges d'abaisser la peine par l'admission des circonstances atténuantes.	OBSERVATIONS.
					Garde nationale dans l'exercice de ses fonctions. Cass. 15 août 1831. Pal. t. 1 de 1832, p. 354. Jurisp. crim. 1831, p. 342. — Pour les Outrages ou Diffamations commis à son égard, à raison ou en dehors de ses fonctions, Vid. aux mots Diffamation et Paix publique Art. 35 not. 4, 36 not. 1 et 80 not. 7. 5. Il est applicable aux Outrages commis envers la Gendarmerie dans l'exercice de ses fonctions. Bourges, 27 novemb. 1833. Dall. Jurisp. gén. t. 11, p. 100. V. not. 3 de l'Art. 35. 6. Un Gendarme qui, revêtu de son uniforme, boit dans un cabaret n'est pas dans l'exercice de ses fonctions. Trib. de Cambrai du 29 nov. 1828. Gaz. des Trib. du 3 décem. 1828, n° 1035. *Contrà*, Arg. de l'Art. 251 de l'Ordonn. du 29 octobre 1820 sur le service de la Gendarmerie. 7. Par exception à la règle que nous nous sommes imposés de ne rapporter aucune des Espèces dans lesquelles les Tribunaux ont déclaré que les *faits* constituaient tels et tels délits, disons que la Cour de Cass. par son arrêt du 9 décembre 1808 (Dall. Jurisp. gén. t. 11, p. 95.) et le Tribunal de Corbeil, par son jugement du 28 mars 1828, (Gaz. des Trib. du 4 avril, n° 830, ont décidé que l'on se rendrait coupable d'outrage à la Gendarmerie en lui faisant la déclaration mensongère d'un délit, et en mettant ainsi ce corps en mouvement. *Contrà*. Tribunal de Bressuires du 24 mars 1825. Gaz. des Tribunaux, ibid. 8. L'Art. 224 est applicable à l'Outrage commis envers un Huissier dans l'exercice de ses fonctions. Cass. 19 mai 1827. Bull. offic. t. 32, p. 427. Cass. 20 fév. 1830. Bull. offic. t. 35, p. 108. Dall. 30-1-131. 9. Il est applicable à l'Outrage commis envers un Garde-Champêtre. Cass. 23 janvier 1829. Jurisp. crim. 1829, p. 72. Bull. offic. t. 24, p. 41. — Si l'outrage avait eu lieu envers le Garde-Champêtre à l'occasion de ses fonctions, ce serait le cas de l'application de l'Art. 6 de la loi du 25 mars 1822. Douai, 9 décem. 1836. Jurisp. crim. 1837, p. 113. V. à l'Art. suivant. 10. Il est applicable à l'Outrage commis envers les Appariteurs ou Sergens de ville dans l'exercice de leurs fonctions d'Agens de la force publique. Cass. 15 février 1828. Bull. offic. t. 33, p. 90. Dall. 28-1-135. Cass. 28 août 1829, Jurisp. crim. 1829, p. 338, Dall. 30-1-350. S. 30-1-157. — Si le Sergent de ville agissait comme Agent de l'autorité publique, ce serait le cas de l'application des Art. 18 et 19 de la loi du 17 mai 1819. V. au mot Diffamation Art. 36 note 1. 11. L'Art. 224 est applicable aux Outrages commis envers un Porteur de contraintes des contributions directes. Cass. 10 juin 1832. Jurisp. crim. 1832, p. 177. Dall. 32-1-373. Pal. t. 3 de 1832, p. 374. Arg. de Cass. du 26 juillet 1821 rapp. par Carnot, t. 1, p. 552. 12. Il est applicable à l'Outrage commis à l'égard d'un Garnisaire. Cass. 20 février 1830. Bull. offic. t. 35, p. 111. 13. Relativement aux outrages commis envers les Commissaires de police, V. la note 12 de l'Art. 74 ci-dessus. 14. L'Art. 224 est inapplicable au fait de celui qui outrage un Avocat. Angers, 15 décem. 1828. Gaz. des Trib. du 23, n° 1028.

NUMÉRO D'ORDRE.	QUALIFICATION des CRIMES, DÉLITS ET CONTRAVENTIONS.	COMPÉTENCE.	PEINES ENCOURUES.	APPLICABILITÉ de l'art. 463 du Cod. pén. ou cas dans lesquels il est permis aux Juges d'abaisser la peine par l'admission des circonstances atténuantes.	OBSERVATIONS.
77.	**OUTRAGE** fait publiquement, d'une manière quelconque, à raison de leur fonction ou de leur qualité, soit à un ou plusieurs Membres de l'une des deux Chambres, soit à un Fonctionnaire public, soit enfin à un Ministre de la Religion de l'État (aujourd'hui de la Religion professée par la majorité des français), ou de l'une des Religions dont l'établissement est légalement reconnu en France. Art. 6 § 1 de la loi du 25 mars 1822.	Cour d'assises. Si l'outrage a été commis par la voie de la presse. Art. 1 de la loi du 8 oct. 1830 ; 13 de la loi du 26 mai 1819. Tribunal correction'. Si l'Outrage a été verbal. Argum. de l'Art. 2 de la loi du 8 oct. 1830 ; 14 de la loi du 26 mai 1819. Arrêt solennel de la C. de Cassation fixant la jurisprudence du 10 juin 1834. Pal. t. 1 de 1835, p. 65. Jurisp. crim. 1834, p. 202. Dall. 34-1-202.	Emprisonnement 15 j. à 2 ans. Amende 100 à 4,000 f. Suppression ou destruction des objets saisis ou à saisir, en tout ou en partie, suivant qu'il y a lieu pour l'effet de la condamnation. Impression et affiche de l'arrêt (facultativement). Publication de l'arrêt dans le Moniteur. Art. 6 § 1 de la loi du 25 mars 1822 ; 26 de la loi du 26 mai 1819. Si le délit a été commis par la voie d'un journal ou écrit périodique, l'amende sera de 200 à 8,000 f. Art. 13 de la loi du 25 mars 1822 ; 10 de la loi du 9 juin 1819 ; 14 de la loi du 18 juillet 1828.	Art. 463 applicable. Art. 14 de la loi du 25 mars 1822.	V. aux Art. ci-dessus. 1. L'Art. 6 de la loi du 25 mars 1822 a abrogé les Art. 16 et 19 de la loi du 17 mai 1819, en ce qui concerne les Fonctionnaires publics : Aux délits de *Diffamation* et d'*Injure* définis par cette loi, il a substitué un délit d'*Outrage* dont il a laissé l'appréciation aux Tribunaux, et à la publicité restreinte et définie aussi de l'art. 1 de la loi du 17 mai, il a substitué une publicité *quelconque*, dont il a laissé encore aux juges l'appréciation ; enfin, il frappe le coupable d'une peine plus sévère. Motifs d'un arrêt de Cass. du 18 juillet 1828. Dall. 28-1-337. Sir. 28-1-400. Jurisp. crim. 1828, p. 9. Par. p. 91. Garn. p. 1366. V. au mot Diffamation, Art. 36 not. 1. 2. Pour les Outrages non publics à l'égard des Membres de l'une des deux Chambres et des Fonctionnaires, V. les Art. 20 de la loi du 17 mai 1819, 376, 471 § 11 du Cod. pén. V. Art. 74 ci-dessus, note 3. 3. Les Juges suppléans ne sont fonctionnaires publics, que lorsqu'ils exercent leurs fonctions. Cass. 14 avril 1831. Jurisp. crim. 1831, p. 129. Pal. t. 3 de 1831, p. 305. Bull. offic. t. 36, p. 157. 4. Les Avoués ne sont pas fonctionnaires publics. Même arrêt du 14 avril 1831. V. note 5 au mot Diffamation, n°s 35 et 37. 5. Le Recteur d'une Académie est un *fonctionnaire public*. Trib. de Montpellier du 29 avril 1837. Journal le Droit du 12 mai, n° 519, confirmé par la Cour royale le 29 mai 1837. 6. Le prévenu peut être admis à prouver la vérité des faits diffamatoires, malgré que l'allégation de ces faits constitue non une diffamation, mais un outrage. Art. 20 de la loi du 26 mai 1819. Par. p. 348. Obs. de la Jurisp. crim. 1833, p. 53. Vid. not. D à la fin de l'ouvrage. 7. La plainte du Fonctionnaire public est nécessaire pour que le Ministère public puisse exercer des poursuites contre le prévenu. Art. 5 de la loi du 26 mai 1819, abrogé par l'Art. 17 de la loi du 25 mars 1822 et remis en vigueur par l'Art. 5 de la loi du 8 octobre 1830. Motif du Cass. du 10 janvier 1833. Jurisp. crim. 1833, p. 28. Pal. t. 2 de 1833, p. 269. Dall. 33-1-369. Sir. 33-1-218. V. note 2 de l'Art. 72. 8. Le Remplaçant temporaire d'un fonctionnaire public n'a pas qualité pour porter plainte à l'occasion d'un Outrage fait à ce dernier, à raison de ses fonctions. Cass. (Conseiller de préfecture — Préfet.) du 30 juillet 1835. Jurisp. crim. 1835, p. 370. Pal. t. 1 de 1836, p. 178. Sir. 35-1-929.
78.	**OUTRAGE** fait publiquement, d'une manière quelconque, envers un Juré, à raison de ses fonctions ou envers un Témoin, à raison de sa déposition.	Cour d'assises. Si l'Outrage a été commis par la voie de la presse.	Emprisonnement 15 jours à 2 ans. Amende 100 à 4,000 f. Suppression ou destruction des objets saisis ou à saisir, en tout ou en partie, suivant qu'il y a lieu pour l'effet de la condamnation. Impression et affiche de l'arrêt (facultativement).	Art. 463 applicable.	V. notes de l'Art. précédent. 1. Vid. ce qui fut dit à la séance de la Chambre des Députés du 29 janvier 1822, sur la latitude qui devrait être laissée à la défense. V. aussi la note A à la fin de l'ouvrage. 2. Il n'est pas nécessaire pour que l'Art. 6 de la loi du 25 mars puisse recevoir son application, que l'Outrage ait été fait en présence du Témoin. Cass. 12 septembre 1828. Sir. 28-1-365. Dall. 28-1-414. V. not. 4 de l'Art. 74 ci-dessus.

NUMÉRO D'ORDRE.	QUALIFICATION des CRIMES, DÉLITS ET CONTRAVENTIONS.	COMPÉTENCE.	PEINES ENCOURUES.	APPLICABILITÉ de l'art. 463 du Cod. pén. ou cas dans lesquels il est permis aux juges d'abaisser la peine par l'admission des circonstances atténuantes.	OBSERVATIONS.
	Art. 6 § 2 de la loi du 25 mars 1822.	Art. 1 de la loi du 8 oct. 1830; 13 de la loi du 26 mai 1819. Tribunal correction. Si l'Outrage a été verbal. Argum. de l'Art. 2 de la loi du 8 oct. 1830; 14 de la loi du 26 mai 1819. Arrêt solennel de la C. de Cassation fixant la jurisprudence du 10 juin 1834. Pal. t. 1 de 1835, p. 65. Jurisp. crim. 1834, p. 202. Dall. 34-1-202.	Publication de l'arrêt dans le Moniteur. Art. 6 § 2 de la loi du 25 mars 1822; 26 de la loi du 26 mai 1819. Si le délit a été commis par la voie d'un journal ou écrit périodique, l'amende sera de 200 fr. à 3,000 fr. Art. 13 de la loi du 25 mars 1822; 10 de la loi du 9 juin 1819; 14 de la loi du 18 juillet 1828.	Art. 14 de la loi du 25 mars 1822.	
79.	OUVERTURE ET ANNONCE publique de Souscriptions ayant pour objet d'indemniser des amendes, frais, dommages et intérêts prononcés par des condamnations judiciaires. Art. 11 de la loi du 9 sept. 1835.	Tribunal correction. Art. 11 et 10 de la loi du 9 sept. 1835.	Emprisonnement 1 mois à 1 an. Amende 500 fr. à 5,000 fr. Art. 11 et 10 de la loi du 9 septembre 1835. Quoique la contravention ait été commise par un journal ou écrit périodique, le minimum de l'amende reste fixé à 500 fr. Paris 2 arrêts du 14 juillet 1836. Pal. t. 3 de 1836, p. 13. Jurisp. crim. 1837, p. 98. *Contrà*, Cell. p. 87.	Art. 463 non applicable. V. cet art.	1. Le Législateur n'a pu interdire les Souscriptions particulières, chacun reste maître de ses sympathies ; il a seuleme[nt] voulu éviter qu'une condamnation donnât naissance à une manifestation de parti et ne devînt, à l'aide de souscriptions, [un] point d'appui pour un journal. Exposé des motifs et Rapport [à] la Chambre des Députés, séances des 4 et 19 août 1835. 2. L'Art. 11 de la loi du 9 septembre reçoit son applicatio[n] dans le cas de l'annonce *indirecte* d'une Souscription. Cass. [?] août 1836. Jurisp. crim. 1837, p. 98. (Dans l'espèce de cet arrê[t] le journal avait annoncé qu'il avait fait tirer à grand nomb[re] d'exemplaires un compte rendu de son procès, et qu'il acceptai[t] les offres de souscription pour 40, 20, 10 exemplaires de cet[te] brochure.) Trib. de Bourges du 15 février 1837. Gaz. des Trib[.] du 22, n° 3573. (Dans cette espèce, le journal, après avo[ir] rendu compte de la condamnation prononcée contre lui, ava[it] rapporté le texte de l'art. 11 de la loi de 1835. *Contrà*, Douai, 28 juillet 1836, Jurisp. crim. 1837, p. 99.

NUMÉRO D'ORDRE.	QUALIFICATION des CRIMES, DÉLITS ET CONTRAVENTIONS.	COMPÉTENCE.	PEINES ENCOURUES.	APPLICABILITÉ de l'art. 463 du Code pén. ou cas dans lesquels il est permis aux juges d'abaisser la peine par l'admission des circonstances atténuantes.	OBSERVATIONS.
80.	**P.** **PAIX PUBLIQUE.** Chercher, par l'un des moyens énoncés en l'art. 1 de la loi du 17 mai 1819, à Troubler la Paix publique, en excitant le mépris contre une ou plusieurs Classes de personnes. Arts 10 de la loi du 25 mars 1822; 1 de la loi du 17 mai 1819.	Cour d'assises. Arts 1 de la loi du 8 oct. 1830; 13 de la loi du 26 mai 1819.	Emprisonnement 15 j. à 2 ans. Amende 100 fr. à 4,000 fr. Suppression ou destruction des objets saisis ou à saisir, en tout ou en partie, suivant qu'il y a lieu pour l'effet de la condamnation. Impression et affiche de l'arrêt (facultativement). Publication de l'arrêt dans le Moniteur. Arts 10 et 9 de la loi du 25 mars 1822; 26 de la loi du 26 mai 1819. Si le délit a été commis par la voie d'un journal ou écrit périodique, l'amende sera de 200 fr. à 8,000 fr. Arts 13 de la loi du 25 mars 1822; 10 de la loi du 9 juin 1819; 14 de la loi du 18 juillet 1828.	Art. 463 non applicable. Arg. de cet Art. 463, et de l'Art. 14 de la loi du 25 mars 1822.	V. aux mots Excitation et Exposition Arts 39 et 40. 1. Il n'y aurait aucune peine à infliger à celui qui aurait excité, même publiquement, le mépris et la haine contre une Classe de citoyens, s'il n'était pas reconnu que ce fût pour troubler la Paix publique. Discuss. à la Chamb. des Pairs, séance du 1 mars 1822. *Contrà*, motifs de Cass. du 3 octobre 1834. Bull. offic. t. 39, p. 401. V. not. de l'Art. 88 ci-après. 2. On doit entendre par *Classe*, toutes personnes prises collectivement, soit qu'on les désigne par le nom de leur origine, par la religion qu'elles professent, par les opinions qu'on leur attribue, par le rang qu'elles occupent dans la société, par la profession qu'elles exercent ou enfin de toute autre manière. Exposé des motifs de la loi à la Chambre des Députés, séance du 3 décembre 1821. 3. Le mot *Classe* n'a pas le sens restreint du mot *Caste*. A Dall. Dict. v° Presse, n° 77. 4. Par le mot *Classe* on ne peut entendre les individus en général qui professent une opinion politique; par exemple, les *Partisans du juste-milieu*, les *Patriotes*, les *Doctrinaires*, les *Libéraux*. Cass. 19 mai 1831. Dall. 31-1-286. Bull. off. t. 39, p. 198. Sir. 31-1-398. 5. Une injure est adressée à une classe de citoyens, quand elle l'est aux *Riches privilégiés*, aux *Bourgeois*. Cassation du 27 février 1832. Jurisp. crim. 1832, p. 52. Pal. t. 1 de 1832, p. 561. Dall. 32-1-93. Sir. 32-1-161. 6. Même solution, si l'injure est adressée aux *Députés de juillet*. Arg. de Cass. du 3 octobre 1834. Bull. off. t. 39, p. 401. 7. La Garde nationale n'est pas un corps constitué, mais une classe de personnes établie pour le maintien de l'ordre public. —Si elle est outragée dans l'exercice de ses fonctions, V. au mot Outrage Art 76 not. 4; —Si elle est diffamée pour des faits relatifs à ses fonctions, V. au mot Diffamation Arts 35 not. 4 et 36 not. 1; — Si elle est outragée hors et non à l'occasion de l'exercice de ses fonctions, c'est l'Art. 10 de la loi du 25 mars 1822, qui doit recevoir son application. Cass. 29 avril 1831. Bull. offic. t. 36, p. 188. Dall. 31-1-182. Motifs de Cass. du 4 août 1831. Pal. t. 1 de 1832, p. 354. 8. Une Cour d'assises saisie d'un délit de Trouble à la paix publique par excitation à la haine contre une classe de personnes, ne peut admettre la preuve des faits diffamatoires, en se fondant sur ce que le fait serait une diffamation envers des personnes publiques. Cass. 6 avril 1832. Jurisp. crim. 1832, p. 242. Bull. offic. t. 37, p. 198. V. not. D à la fin du volume.
	PROVOCATION, par l'un des moyens énoncés en l'art. 1 de la loi du 17 mai 1819, à	Cour d'assises.	Le Provocateur est réputé complice et puni comme tel. Suppression ou destruction des objets saisis ou à saisir, en tout ou	Art. 463 applicable.	V. au mot Attentat à la sûreté de l'État n° 11, les notes 2 et 3 relatives à la Provocation en général. V. aussi la note de l'Art. 86. 1. La Provocation publique à s'opposer à des travaux autorisés par le Gouvernement constitue, sinon une provocation à la déso-

NUMÉRO D'ORDRE.	QUALIFICATION des CRIMES, DÉLITS ET CONTRAVENTIONS.	COMPÉTENCE.	PEINES ENCOURUES.	APPLICABILITÉ de l'art. 463 du Cod. pén. ou cas dans lesquels il est permis aux juges d'abaisser la peine par l'admission des circonstances atténuantes.	OBSERVATIONS.
81.	commettre toute action qualifiée Crime ou Délit. Art. 1 de la loi du 17 mai 1819.	Art. 1 de la loi du 8 oct. 1830; 13 de la loi du 26 mai 1819. Cass. 18 janvier 1833. Jurisp. crim. 1833, p. 55. Pal. t. 2 de 1833, p. 300. Dall. 33-1-349.	en partie, suivant qu'il y a lieu pour l'effet de la condamnation. Impression et affiche de l'arrêt (facultativement). Publication de l'arrêt dans le Moniteur. Art. 1 de la loi du 17 mai 1819; 26 de la loi du 26 mai 1819. Si la complicité du crime ou délit a eu lieu par la voie d'un journal ou écrit périodique, l'amende, s'il en est prononcée une par la loi, ne sera jamais moindre du double du minimum, et elle pourra être élevée jusqu'au double du maximum. Art. 10 de la loi du 9 juin 1819; 14 de la loi du 18 juillet 1828.	S'il s'agit de crime seulement. Discuss. à la Chambre des Députés, séance du 22 août 1835.	béissance aux lois, tout au moins une provocation punissable d'après l'art. 1 de la loi du 17 mai, Cass. 3 mai 1834. Dall. 34-1-225. Jurisp. crim. 1834, p. 218. Pal. t. 3 de 1834, p. 584. V. art. 84 not. 2. 2. Le Libraire qui édite sciemment un livre contraire aux lois répressives des crimes et délits commis par la voie de la presse, est réputé complice et puni comme tel. A Dall. Dict. v° Presse n° 845. 3. L'Éditeur responsable d'un journal ou écrit périodique ne peut être excusé par sa bonne foi. Cass. 22 avril 1824. Bull. offic. t. 29, p. 161. Dall. 24-1-296, Bourg. t. 3, p. 576. V. not. 24 de l'Art. 21; 10 de l'Art. 38; 4 de l'Art. 42; 11 l'Art. 52; 12 de l'Art. 53; 10 de l'Art. 62 et 2 de l'Art. 70. 4. Quant à la complicité des Imprimeurs pour les délits résultant des ouvrages qui sortent de leurs presses, V. l'Art. 24 de la loi du 17 mai 1819, ainsi conçu « Les Imprimeurs d'écrits dont les auteurs seraient mis en jugement en vertu de la présente loi, et qui auraient rempli les obligations prescrites par le titre 2 de la loi du 21 octobre 1814, ne pourront être recherchés pour le simple fait de publication, à moins qu'ils n'aient agi sciemment, ainsi qu'il est dit à l'art. 60 du Cod. pén. qui définit la complicité. » V. aussi les Arrêts de la Cour de Cass. des 15 octobre 1825 et 6 juillet 1832. Dall. 26-1-75. Bull. offic. t. 30, p. 580 et t. 37, p. 466; de la Cour de Paris du 24 novembre 1830. Dall. 31-2-13 et de la Cour de Douai du 7 avril 1828. Gaz. des Trib. du 12, n° 837. V. Art. 51 not. 5; 71 not. 2 et 90 not. 1. 5. A l'égard des Crieurs, Afficheurs, Vendeurs et Distributeurs, ils sont atteints par la disposition de l'Art. 1 de la loi du 17 mai, lorsque l'imprimé qu'ils crient ou qu'ils affichent renferme quelque provocation à un crime ou délit (Art. 5 de la loi du 10 décembre 1830): Mais ils peuvent, dans le cas où ils n'ont pas agi sciemment, faire connaître ceux d'où ils tiennent l'écrit contenant la provocation, et ils n'encourent alors qu'un emprisonnement de 5 jours à 6 mois. Art. 285 Cod. pén. Carnot t. 1, p. 663.
82.	**PROVOCATION**, par l'un des moyens énoncés en l'art. 1 de la loi du 17 mai 1819, à commettre un ou plusieurs Crimes, sans que ladite provocation ait été suivie d'aucun effet. Art. 2 et 1 de la loi du 17 mai 1819.	Cour d'assises. Art. 1 de la loi du 8 oct.	Emprisonnement 3 mois à 5 ans. Amende 50 à 6,000 f. Suppression ou destruction des objets saisis ou à saisir, en tout ou en partie, suivant qu'il y a lieu pour l'effet de la condamnation. Impression et affiche de l'arrêt (facultativement). Publication de l'arrêt dans le Moniteur. Art. 2 de la loi du 17 mai 1819; 26 de la loi du 26 mai 1819.	Art. 463 non applicable. V. cet art.	V. aux n°s ci-après, et au mot Attentat à la sûreté de l'État, n° 11 not. 2 et 3. 1. M. Bourguignon (t. 3, p. 563) estime que dans le cas d'application des Art. 2 et 3 de la loi du 17 mai 1819, le condamné doit être mis sous la surveillance de la haute police, aux termes de l'art. 49 du Cod. pén.: Il nous est impossible d'adopter cette décision ainsi formulée d'une manière générale. 2. La provocation non suivie d'effet au renversement du Gouvernement, peut exister sans qu'il y ait attentat ou complot dans les termes définis par les Art. 87 et 89 du cod. pén.: cette provocation n'est alors qu'un simple délit spécialement prévu par l'art. 2 de la loi du 17 mai 1819. Cass. 13 juillet 1832. Dall. 32-1-24. Pal. t. 2 de 1833, p. 188.

NUMÉRO D'ORDRE.	QUALIFICATION des CRIMES, DÉLITS ET CONTRAVENTIONS.	COMPÉTENCE.	PEINES ENCOURUES.	APPLICABILITÉ de l'Art. 463 du Code pén. ou cas dans lesquels il est permis aux Juges d'abaisser la peine par l'admission des circonstances atténuantes.	OBSERVATIONS.
		1830; 13 de la loi du 26 mai 1819.	Si le délit a été commis par la voie d'un journal ou écrit périodique, l'amende sera de 100 fr. à 12,000 fr. Art. 10 de la loi du 9 juin 1819; 14 de la loi du 18 juillet 1828.		
83.	PROVOCATION, par l'un des moyens énoncés en l'art. 1 de la loi du 17 mai 1819, à commettre un ou plusieurs délits, sans que ladite provocation ait été suivie d'aucun effet. Art. 5 et 1 de la loi du 17 mai 1819.	Cour d'assises. Art. 1 de la loi du 8 oct. 1830; 13 de la loi du 26 mai 1819. Cass. 21 août 1832. Dall. 32-1-112. Bull. off. t. 37, p. 444.	Emprisonnement 3 jours à 5 ans. Ensemble ou séparément, Amende du 30 à 4,000 fr. Suppression ou destruction des objets saisis ou à saisir, en tout ou en partie, suivant qu'il y a lieu pour l'effet de la condamnation. Impression et affiche de l'arrêt (facultativement). Publication de l'arrêt dans le Moniteur. Art. 3 de la loi du 17 mai 1819; 26 de la loi du 26 mai 1819. Si le délit a été commis par la voie d'un journal ou écrit périodique, l'amende sera de 60 fr. à 6,000 fr. Art. 10 de la loi du 9 juin 1819; 14 de la loi du 18 juillet 1828. Dans le cas où la loi prononcerait une peine moins grave contre l'auteur même du délit, cette peine remplacerait l'emprisonnement et l'amende ci-dessus. Art. 3 de la loi du 17 mai 1829.	Art. 463 non applicable. V. cet Art. Cass. 13 sept. 1832. Jurisp. crim. 1832. Pal. t. 2 de 1833, p. 186. D. 33-1-169. S. 33-1-191.	1. La Provocation publique à commettre un délit ne peut être excusée sur le motif vague que le prévenu n'a pas agi dans l'intention d'insulter aux lois. Cass. 5 mai 1834. Bull. offic. t. 39, p. 155. Dall. 34-1-225. Pal. t. 3 de 1834, p. 584. 2. Il n'y aurait pas Provocation à la rébellion et à la désobéissance aux lois dans l'exposition d'un système ayant pour objet de soutenir qu'il est permis de résister à un acte de l'autorité, alors que cet acte est illégal. V. not. 6 de l'Art. 74, in fine. 3. L'exposition d'une doctrine erronée, telle que celle qui dénie à des Agens de la force publique le droit d'arrestation que la loi leur accorde et de proclamer le droit de résistance, ne constitue pas non plus, abstraction faite de l'intention, le délit de provocation à la rébellion ou de désobéissance aux lois. Paris, 27 mars 1827. Pal. t. 1 de 1828, p. 145. Dall. 27-2-110. V. Art. 74 même not. 6.
84.	PROVOCATION, par l'un des moyens énoncés en l'art. 1 de la loi du 17 mai 1819, à la désobéissance aux lois.	Cour d'assises.	Emprisonnement 3 jours à 2 ans. Ensemble ou séparément, Amende de 30 à 4,000. fr. Suppression ou destruction des objets saisis ou à saisir, en tout ou en partie, suivant qu'il y a lieu pour l'effet de la condamnation. Impression et affiche de l'arrêt (facultativement).	Art. 463 non applicable.	1. D'après la Cour de Douai (arrêt du 2 mai 1834. Jurisp. crim. 1834, p. 107), l'Art. 6 de la loi du 17 mai serait applicable dans le cas où la loi à la désobéissance de laquelle on aurait provoqué, serait seulement promulguée et non encore exécutoire. Contrà, Observ. des Rédacteurs de la Jurisp. crim. ibid. 2. l'Art. 6 de la loi du 17 mai 1819 punit la provocation à la désobéissance aux lois et non la provocation à la désobéissance aux arrêtés de l'Administration rendus conformément à la

NUMÉRO D'ORDRE.	QUALIFICATION des CRIMES, DÉLITS ET CONTRAVENTIONS.	COMPÉTENCE.	PEINES ENCOURUES.	APPLICABILITÉ de l'art. 463 du Cod. pén., ou cas dans lesquels il est permis aux juges d'abaisser la peine par l'admission des circonstances atténuantes.	OBSERVATIONS.
	Art. 6 et 1 de la loi du 17 mai 1819.	Art. 1 de la loi du 8 oct. 1830; 13 de la loi du 26 mai 1819. Cass. 7 fév. 1833. Jurisp. crim. 1833, p. 365. D. 33. 1. 350.	Publication de l'arrêt dans le Moniteur. Art. 6 et 3 de la loi du 17 mai 1819; 26 de la loi du 26 mai 1819. Si le délit a été commis par la voie d'un journal ou écrit périodique, l'amende sera de 60 fr. à 8,000 fr. Art. 10 de la loi du 9 juin 1819; 14 de la loi du 18 juillet 1828. Dans le cas où la loi prononcerait une peine moins grave contre l'auteur même de la désobéissance à la loi, cette peine remplacerait l'emprisonnement et l'amende ci-dessus. Art. 6 et 3 de la loi du 17 mai 1819.	V. cet art.	loi, Cass. 3 mai 1834. Bull. offic. t. 39, p. 155. Bull. 34.1.526. Pal. t. 3 de 1834, p. 584. V. not. 1 de l'Art. Provocation n° 81.
85.	**PROVOCATION** à des crimes ou des délits faite dans des assemblées illicites, par des discours, exhortations, invocations ou prières, en quelque langue que ce soit, ou par lecture, affiche, publication, ou distribution d'écrits quelconques. Art. 293 Cod. pén.	Cour d'assises. Art. 6 et 7 § 2 de la loi du 8 oct. 1830; 4 § 2 de la loi du 10 avril 1834.	Emprisonnement 2 mois à 2 ans. Amende 100 à 3,000 fr. Contre les Chefs, Directeurs, Administrateurs de ces associations. Art. 293 Cod. pén.	Art. 463 applicable. V. cet art.	Voir aux mots Critique ou Censure du Gouvernement Art. 27 et 28. 1. Sans préjudice des peines plus fortes qui seraient portées par la loi contre les individus (Chefs ou non,) personnellement coupables de la provocation, lesquels, en aucun cas, ne pourront être punis d'une peine moindre que celle infligée aux Chefs, Directeurs et Administrateurs de l'association, Même Art. 293 C. pén. 2. La peine édictée par l'art. 293 contre les Chefs de l'association devrait leur être appliquée, alors même qu'ils n'auraient pas été présens, lorsque la provocation a été faite, Carnot t. 1, p. 672.
86.	**PROVOCATION** directe à la désobéissance aux lois ou autres actes de l'autorité publique, ou Tendance à soulever ou armer une partie des citoyens contre les autres, dans un discours prononcé par un Ministre du culte, dans l'exercice de son	Cour d'assises.	Si la Provocation a été suivie d'une sédition ou révolte dont la nature donne lieu contre un ou plusieurs des coupables à une peine plus forte que celle du bannissement, cette peine, quelle qu'elle soit, est appliquée au Ministre coupable de la provocation. Art. 203 Cod. pén.	Art. 463 applicable. V. cet art.	L'édition de 1832 du cod. pén. a maintenu dans l'art. 202, une exception à la règle tracée dans l'Art. 1 de la loi du 17 mai 1819 qui veut que le *provocateur* soit puni comme complice quand la provocation *a été suivie d'effet*: ici, malgré que l'effet ait suivi la provocation n'en reste pas moins un délit distinct et spécial à moins qu'il n'y ait eu sédition ou révolte entraînant l'application d'une peine plus forte que le bannissement, auquel cas on rentre dans la règle générale. V. au mot Attentat à la sûreté de l'État n° 11 not. 3.

NUMÉRO D'ORDRE.	QUALIFICATION des CRIMES, DÉLITS ET CONTRAVENTIONS.	COMPÉTENCE.	PEINES ENCOURUES.	APPLICABILITÉ de l'art. 463 du Cod. pén. ou cas dans lesquels il est permis aux Juges d'abaisser la peine par l'admission des circonstances atténuantes.	OBSERVATIONS.
	ministère et en assemblée publique. Art. 202 Cod. pén.	Art. 231 C. d'inst. crim. 6 et 7 § 2 de la loi du 8 octobre 1830.	Si la Provocation a donné lieu à la désobéissance, autre toutefois que celle qui aurait dégénéré en sédition ou révolte. Bannissement de 5 à 10 ans. Art. 202, 32, 28, 34, 36 et 48 Cod. pén. Si la Provocation n'a été suivie d'aucun effet. Emprisonnement 2 à 5 ans. Art. 202 Cod. pén.		
87.	**PROVOCATION** directe à la désobéissance aux lois ou autres actes de l'autorité publique, ou Tendance à soulever ou armer une partie des citoyens contre les autres, dans un écrit publié par un Ministre du culte, contenant des instructions pastorales, en quelque forme que ce soit. Art. 205 Cod. pén.	Cour d'assises. Art. 231 C. d'inst. crim.	Si la Provocation contenue dans l'écrit pastoral a été suivie d'une sédition ou révolte, dont la nature donne lieu contre un ou plusieurs des coupables à une peine plus forte que la *détention*, cette peine quelle qu'elle soit, est appliquée au Ministre coupable de la provocation. Art. 206 Cod. pén. Dans les autres cas; Détention 5 à 20 ans. Art. 205, 20, 28, 34, 39, 36, et 47 Cod. pén.	Art. 463 applicable. V. cet art.	C'est par erreur que le mot *déportation* est demeuré dans l'article 206 du Cod. pén, édition officielle de 1842; il fallait dans cet article comme dans l'art. 205 remplacer ce mot par celui de *détention*. Observ. des auteurs de la Jurisp. crim. 1832, p. 357.
88.	**PROVOCATION**, par l'un des moyens énoncés en l'art. 1 de la loi du 7 mai 1819, à la haine entre les diverses Classes de la société. Art. 8 de la loi du 9 sept. 1835, 1 de la loi du 17 mai 1819.	Cour d'assises. Art. 1 de la loi du 8 oct. 1830; 13 de la loi du 26 mai 1819.	Emprisonnement 1 mois à 2 ans. Amende 16 à 1,000 fr. Suppression ou destruction des objets saisis ou à saisir, en tout ou en partie, suivant qu'il y a lieu pour l'effet de la condamnation. Impression et affiche de l'arrêt (facultativement). Publication de l'arrêt dans le Moniteur. Art. 8 § 1 et 2 de la loi du 9 sept. 1835; 8 de la loi du 17 mai 1819; 26 de la loi du 26 mai 1819.	Art. 463 non applicable. V. cet art.	La commission chargée par la Chambre des Députés de l'examen de la loi du 9 sept. 1835, a déclaré par l'organe de l'un de ses membres, que son intention avait été d'abroger l'art. 10 de la loi du 25 mars 1822 par l'art. 8 de celle du 9 sept. 1835; mais les termes dans lesquels sont conçus ces différens articles n'autorisent-ils pas à dire que le délit prévu par l'un peut quelquefois ne pas être celui que punit l'autre? Dans la loi du 25 mars, en effet, il est question, de *Trouble à la Paix publique*, par excitation à la *haine* et au *mépris* contre une ou plusieurs classes de personnes; dans celle du 9 septembre, il s'agit seulement de *provocation* à la *haine* entre les diverses classes de la société. D'après cette observation la loi du 25 mars 1822 n'aurait été que modifiée et son art. 10 pourrait continuer à être appliqué, toutes les fois que le prévenu aurait cherché à troubler la paix et qu'il aurait excité au mépris envers une classe de citoyens: la loi du 9 sept. 1835 devrait, au contraire, être invo-

NUMÉRO D'ORDRE.	QUALIFICATION des CRIMES, DÉLITS ET CONTRAVENTIONS.	COMPÉTENCE.	PEINES ENCOURUES.	APPLICABILITÉ de l'art. 463 du Cod. pén. on cas dans lesquels il est permis aux Juges d'abaisser la peine par l'admission des circonstances atténuantes.	OBSERVATIONS.
			Si le délit a été commis par la voie d'un journal ou écrit périodique, l'amende sera de 32 fr à 2,000 fr. Art. 12 de la loi du 9 septembre 1835; 10 de la loi du 9 juin 1819; 14 de la loi du 18 juillet 1828.		quée, quand le prévenu ne se serait rendu coupable que d'une simple provocation à la haine. V. sur cette question, Par. suppl. p. 427 et les motifs d'un arrêt de Cass. du 3 octobre 1834. Bull. off. t. 34, p. 401. V. aussi au mot Paix publique n° 80 not. 1.
89.	**PROVOQUER** et **FACILITER** le Rassemblement des Insurgés, soit par la distribution d'ordres ou de proclamations.... soit par tout autre moyen d'appel. Art. 9 § 2 de la loi du 24 mai 1834.	Cour d'assises. Art. 1 de la loi du 8 oct. 1830; 13 de la loi du 26 mai 1819.	Détention de 5 à 10 ans. Art. 9 § 2 de la loi du 24 mai 1830; 20, 28, 34, 36 et 40 Cod. pén. En outre, si c'est par une voie de publication que le crime a été commis; Suppression ou destruction des objets saisis ou à saisir, en tout ou en partie, suivant qu'il y a lieu pour l'effet de la condamnation. Impression de l'affiche de l'arrêt (facultativement). Publication de l'arrêt dans le Moniteur. Art. 26 de la loi du 26 mai 1819.	Art. 463 applicable, Mais les Tribunaux peuvent mettre les condamnés sous la surveillance de la haute police pendant un tems qui n'excède pas le maximum de la durée de l'emprisonnem^t prononcé par la loi, Art. 11 de la loi du 24 mai 1834.	L'Art. 9 de la loi du 24 mai 1834 prévoit d'autres moyens de Provocation au Rassemblement des insurgés dont il n'est pas dans notre plan de nous occuper.
90.	**PUBLICATION** ou distribution d'ouvrages, écrits, avis, bulletins, affiches, journaux, feuilles périodiques, ou autres imprimés dans lesquels ne se trouve pas l'indication vraie des noms, profession et demeure de l'auteur ou de l'imprimeur.	Tribunal correction^l. Art. 79 Cod. d'inst. crim. En cas d'application de la peine réduite. Tribunal de simple police	Emprisonnem^t 6 jours à 6 mois. Contre toute personne qui a sciemment concouru à la publication ou distribution. Art. 283 Cod. pén. La condamnation est réduite à des peines de simple police, c'est-à-dire à une amende de 6 à 10 fr. à l'égard des crieurs, afficheurs, vendeurs et distributeurs qui font connaître la personne de laquelle ils tiennent l'écrit incriminé et à l'égard de quiconque fait connaître le nom de l'imprimeur.	Art. 463 applicable. V. cet art.	1. Il y a ces différences à noter entre la loi du 21 oct. 1814 et les articles du Cod. pén. relatifs aux Publications sans nom d'Imprimeur : 1° que relativement à toute personne, il suffit qu'à défaut du nom de l'imprimeur, l'ouvrage porte celui de l'auteur ; relativement aux imprimeurs et aux libraires, il faut au contraire et spécialement, le nom de l'imprimeur ; 2° que tout citoyen dans le cas de l'article 283, peut user du bénéfice de délation dont parle l'article 284 et faire abaisser la condamnation à des peines de simple police, tandis que l'imprimeur et le libraire ne le peuvent pas, le premier, parce qu'il n'aurait pas moins contrevenu à sa loi spéciale, le second, parce que l'art. 284 est abrogé à son égard. Par. p. 53 et suiv. ; 3° que dans le cas de l'application des articles du Cod. pén. la confiscation doit être prononcée (art. 286), mais qu'elle ne peut l'être lorsque la condamnation est basée sur les articles de la loi du 21 octobre. Art. 18 de cette loi. V. aux mots Imprimeur et Libraire, n°s 52 et 63 et au mot Provocation n° 81 not. 4.

NUMÉRO D'ORDRE.	QUALIFICATION des CRIMES, DÉLITS ET CONTRAVENTIONS.	COMPÉTENCE.	PEINES ENCOURUES.	APPLICABILITÉ de l'art. 463 du Cod. pén. ou cas dans lesquels il est permis aux Juges d'abaisser la peine par l'admission des circonstances atténuantes.	OBSERVATIONS.
	Art. 283 Cod. pén.	Art. 139 C. d'inst. crim.	Art. 284, 475 § 13 Cod. pén. Dans tous les cas, la confiscation de tous les exemplaires doit être prononcée. Art. 286 Cod. pén. L'auteur quand il est connu, subit le maximum de la peine. Art. 289 Cod. pén.		Il y aurait encore à remarquer que dans l'art. 283 du Cod. pén. il est question d'ouvrages, écrits, avis, bulletins, affiches, etc. tandis que les articles 17 et 19 de la loi du 21 octobre 1814 ne parlent que des ouvrages, mais cette observation demeure sans portée, la loi du 21 octobre s'appliquant comme le Cod. pén. à tous les imprimés. Par. p. 51-55. 2. L'atténuation de pénalité admise en faveur des Crieurs, Vendeurs et Distributeurs, dans le cas prévu par l'art. 283 Cod. pén. ne s'applique qu'aux Crieurs, Vendeurs et Distributeurs autorisés : ceux qui ne le seraient point, encourraient les peines édictées par la loi du 16 février 1834. V. au mot Crieur n° 25.
91.	**PUBLICATION**, Exposition ou Mise en vente, sans autorisation du Ministre de l'intérieur à Paris et des Préfets dans les départemens, de Dessins, Gravures, Lithographies, Médailles, Estampes et Emblèmes, de quelque nature et espece qu'ils soient. Art. 20 de la loi du 9 sept. 1835.	Tribunal correctionl. Art. 20 de la loi du 9 sept. 1835.	Emprisonnem¹ 1 mois à 1 an. Amende 100 à 1,000 fr. Confiscation des Dessins, Gravures, Lithographies, Médailles, Estampes et Emblèmes, (facultativement). Art. 20 de la loi du 9 septembre 1835. Si le délit a été commis par la voie d'un journal ou écrit périodique, l'amende sera de 200 fr. à 2,000 fr. Artes 12 de la loi du 9 sept. 1835; 10 de la loi du 9 juin 1819; 14 de la loi du 18 juillet 1828.	Art. 463 non applicable. V. cet art.	1. V. l'Ordonn. du 9 septembre 1835 réglant l'exécution des diverses dispositions de la loi sur les dessins, gravures, estampes, etc. 2. Les peines édictées par la loi doivent être prononcées sans préjudice des poursuites auxquelles pourraient donner lieu la publication, l'exposition ou la mise en vente desdits objets. Art. 20 de la loi du 9 septembre 1835. Arg. de Cass. du 28 septembre 1827. Sir. 28-1-209. Dall. 28-1-74. V. au mot Exposition Art. 40 ci-dessus. 3. L'Art. 20 de la loi du 9 septembre a remis en vigueur les dispositions de l'art. 12 de la loi du 25 mars 1822, qu'avait abrogées l'art. 5 de la loi du 8 octobre 1830. 4. Le dépôt, et encore moins la simple mention du dépôt d'une estampe, ne suffirait pas pour faire absoudre l'individu prévenu de l'avoir publiée sans autorisation. Cass. 28 septembre 1827, ci-dessus. 5. L'autorisation donnée à Paris par le Ministre de l'intérieur pour la publication de certaines gravures, serait suffisante pour légitimer la vente de ces gravures dans tous les départemens. Cass. 10 mars 1837. Gaz. des Trib. du 11, n° 3588. — Il n'en serait pas de même de l'autorisation donnée par un Préfet. Même Arrêt. 6. Les gravures publiées avant la loi du 9 septembre sont soumises à l'autorisation. Cass. (après partage,) 9 décembre 1836. Jurisp. crim. 1836, p. 316. Pal. t. 3 de 1836, p. 502. Cass. 10 mars 1837, ci-dessus. Contrà, Arg. de Cass. du 17 janvier 1823. (Sous l'empire de la loi temporaire du 31 mars 1820.) Bull. offic. t. 28, p. 17. Dall. 23-1-112. 7. Pour la mise en vente clandestine, V. not. 2 de l'Art. 40 ci-dessus. 8. L'arrêté du 5 germinal an 12 sur la fabrication des Médailles n'a pas été abrogé par la loi du 9 septembre qui se borne à en prohiber la publication, l'exposition et la mise en vente. Cass. 25 mars 1836. Bull. offic. t. 41, p. 102. Jurisp. crim. 1836, p. 236. — Il n'avait pas été non plus abrogé par la Charte. Cass. 7 décembre 1832, Jurisp. crim. 1832, p. 326. Pal. t. 2 de 1833, p. 6. V. Art. 40 note 4.

NUMÉRO D'ORDRE.	QUALIFICATION des CRIMES, DÉLITS ET CONTRAVENTIONS.	COMPÉTENCE.	PEINES ENCOURUES.	APPLICABILITÉ de l'art. 463 du Cod. pén. ou cas dans lesquels il est permis aux Juges d'abaisser la peine par l'admission des circonstances atténuantes.	OBSERVATIONS.
92.	**PUBLICATION** par un journal, de toute autre chose que du prononcé du jugement, dans toutes les affaires civiles et criminelles, où un huis clos est ordonné. Art. 16 § 2 de la loi du 18 juill. 1828.	Tribunal correction¹. Argum. de l'Art. 4 de la loi du 8 oct. 1830; Discus. à la Ch. des Députés, séances des 1 et 4 oct. 1830.	Amende 2,000 fr. Art. 16 § 2 et 1 de la loi du 18 juillet 1828.	Art. 463 non applicable. V. cet art.	
93.	**PUBLICATION** par un journal, des faits diffamatoires ou d'extraits de mémoires ou écrits quelconques qui les contiendraient, dans les procès qui ont pour objet la diffamation, si les tribunaux ordonnent, aux termes de l'art. 64 (aujourd'hui 55) de la Charte constitutionnelle, que les débats auront lieu à huis clos. Art. 16 § 1 de la loi du 18 juill. 1828.	Tribunal correction¹. Argum. de l'Art. 4 de la loi du 8 oct. 1830; Discus. à la Ch. des Députés, séances des 1 et 4 octobre 1830.	Amende 2,000 fr. Art. 16 § 1 de la loi du 18 juill. 1828.	Art. 463 non applicable. V. cet art.	
94.	**PUBLICATION** par un journal, des faits diffamatoires étrangers à la cause ou d'extraits des mémoires qui les contiendraient, lorsque aux termes du § dernier de l'art. 23 de la loi du 17 mai 1819, les tribunaux ont, pour ces faits, réservé soit l'action publique, soit l'action civile des parties. Art. 17 de la loi du 18 juillet 1828; 23 § 4 de la loi du 17 mai 1819.	Tribunal correction¹. Argum. de l'Art. 4 de la loi du 8 oct. 1830; Discus. à la Ch. des Députés, séances des 1 et 4 octobre 1830.	Amende 2,000 fr. Art. 17 de la loi du 18 juillet 1828.	Art. 463 non applicable. V. cet art.	

NUMÉRO D'ORDRE.	QUALIFICATION des CRIMES, DÉLITS ET CONTRAVENTIONS.	COMPÉTENCE.	PEINES ENCOURUES.	APPLICABILITÉ de l'art. 463 du Code pén. ou cas dans lesquels il est permis aux Juges d'abaisser la peine par l'admission des circonstances atténuantes.	OBSERVATIONS.
95.	**PUBLICATION** par les journaux ou écrits périodiques, des noms des Jurés, excepté dans le compte rendu de l'audience où le Jury aura été constitué. Art. 10 § 2 de la loi du 9 sept. 1835.	Tribunal correctionel. Art. 10 § 4 de la loi du 9 sept. 1835.	Emprisonnem¹ 2 mois à 2 ans. Amende 500 à 5,000 fr. Art. 10 § 4 de la loi du 9 sept. 1835.	Art. 463 non applicable. V. cet art.	Toute publication des noms des Jurés, autre que celle autorisée par l'Art. 10 de la loi du 9 septembre, est réputée *affectée ou menaçante*. Rapp. à la Chambre des Députés, Moniteur du 19 août 1835.
96.	**PUBLICATION** d'un journal ou écrit périodique temporairement suspendu. Art. 15 de la loi du 18 juillet 1828.	»	L'Art. 15 de la loi du 18 juillet 1828, ne prononce aucune peine; le Ministère public n'a que le droit de saisie. Par. p. 173 et 273.	»	1. Si le Journal réclamait contre la légalité de la saisie, ce serait au Tribunal correctionnel qu'il devrait s'adresser. Par. p. 273. 2. Pour les cas dans lesquels les Tribunaux peuvent prononcer la suspension temporaire d'un journal, V. à la fin du volume la note F sur la récidive.
97.	**R.** **RÉIMPRESSION**, Vente ou Distribution d'un écrit, de dessins ou gravures, après que leur condamnation est réputée connue par la publication dans les formes prescrites par l'art. 26 de la loi du 26 mai 1819. Art⁹ 27 et 26 de la loi du 26 mai 1819.	Tribunal correctionel. Argum. de l'Art. 4 de la loi du 8 oct. 1830 ; Discus. à la Ch. des Députés, séances des 1 et 4 oct. 1830. Par. p. 271 Douai, 26 mai 1837. Gaz. des Trib. du 6 juin, n° 3662. Cour d'assises. Art⁹ 1 de la loi du 8 oct. 1830 ; 13 de la loi du 26 mai 1819. Celliez p. 47. Argum.	Maximum de la peine qu'aurait pu encourir l'auteur. Art. 27 de la loi du 26 mai 1819. Si le délit a été commis par la voie d'un journal ou écrit périodique, l'amende ne sera jamais moindre du double du minimum et pourra être élevée au double du maximum. Art⁹ 10 de la loi du 9 juin 1819, 14 de la loi du 18 juillet 1828.	Art. 463 non applicable. V. cet art.	1. La simple exposition en vente suffit pour donner lieu à la condamnation contre un marchand, lors même qu'il n'y aurait pas eu vente. Cass. 10 novembre 1826. Dall. 27-1-330. Bull. off. t. 31, p. 624. *Aliud*, contre un particulier non marchand. Ibid. 2. La mention existant sur les livres d'un libraire qu'il a vendu des ouvrages condamnés, ne suffit pas pour faire prononcer les peines portées par l'Art. 27 de la loi du 26 mai 1819. Paris, 14 janvier 1830. Dall. 30-1-231. Jurisp. crim. 1830, p. 254. Pal. t. 3 de 1830, p. 518. *Contrà*, A. Dall. dict. v° Presse n° 408. 3. La vente d'un ouvrage condamné constitue un délit spécial, dont la prescription ne commence à courir qu'à dater du jour de cette vente. Cass. 23 avril 1830. Dall. 30-1-231. Jurisp. crim. 1830, p. 254. Pal. t. 3 de 1830, p. 518. Paris, 15 janvier 1825. Dall. 25-1-151. *Contrà*, Paris, 31 août 1821 rapp. par Garnier, p. 1375. V. ci-après la note G sur la Prescription. 4. Si dans un ouvrage il y a seulement quelques passages condamnés, cet ouvrage peut être réimprimé ou distribué en supprimant ces passages. Discuss. de la loi à la Chambre des Députés, séance du 29 avril 1819. Par. p. 116. Cell. p. 48.

NUMÉRO D'ORDRE.	QUALIFICATION des CRIMES, DÉLITS ET CONTRAVENTIONS.	COMPÉTENCE.	PEINES ENCOURUES.	APPLICABILITÉ de l'art. 463 du Cod. pén. ou cas dans lesquels il est permis aux juges d'abaisser la peine par l'admission des circonstances atténuantes.	OBSERVATIONS.
		de Cass. du 30 janvier 1829. Bull. off. t. 34, p. 66. S. 29-1-202. D. 29-1-126. Obs. de la Gaz. des Trib. n° du 6 juin 1837.			
98.	**REPRÉSENTATION** de Piéces sur un Théatre ou Spectacle de quelque nature qu'il soit, sans l'autorisation préalable du Ministre de l'intérieur à Paris et des Préfets dans les départemens. Art. 21 de la loi du 9 septembre 1835.	Tribunal correctionnel. Art. 21 de la loi du 9 sept. 1835.	Emprisonnement 1 mois à 1 an, Amende 1,000 à 5,000 f. Art. 21 de la loi du 9 septembre 1835.	Art. 463 non applicable. V. cet art.	1. Sans préjudice des poursuites auxquelles pourraient donner lieu les pièces représentées. Art. 21 de la loi du 9 sept. 1835. 2. Ces poursuites ne peuvent cependant être exercées, lorsque l'autorisation a été obtenue ; la permission de représenter fait présumer que la pièce est innocente. Rapp. à la Chamb. des Députés, séance du 19 août 1835. Par. Suppl. p. 414 à la note. Cell. p. 89. 3. L'Autorité peut toujours, pour des motifs d'ordre public, suspendre la représentation d'une pièce. Art 22 de la même loi. 4. Il doit être pourvu par un règlement d'administration publique, converti en loi dans la session de 1837, au mode d'exécution des dispositions des art. 21 et 22 de la loi du 9 septembre, qui n'en demeurent pas moins exécutoires, à compter de leur promulgation. Art. 23 ibid. 5. Il n'a pu entrer dans la pensée du Gouvernement ou des Préfets de retirer aux Maires la faculté de permettre les spectacles des foires. Disc. du Ministre de l'intérieur à la Chambre des Députés, Moniteur du 30 août 1835.
99.	**REPRÉSENTATION** sur un Théatre public d'ouvrages, gravés, imprimés ou non, d'Auteurs vivants ou d'Auteurs décédés depuis moins de cinq ans, sans leur consentement formel et par écrit ou sans le consentement formel et par écrit de leurs héritiers ou cessionnaires. Art. 3 et 4 du décret des 13-19 janvier 1791 ; 1 et 2 du décret	Tribunal correctionnel. Art. 179 C. pén.	Amende 50 à 500 fr. Confiscation du produit total de la Recette pour indemniser d'autant le propriétaire du préjudice qu'il aura souffert. Le surplus de son indemnité ou l'entière indemnité, s'il n'y a pas eu saisie de la recette, doit être réglée par les voies ordinaires, c'est-à-dire, d'après l'arbitrage et l'appréciation des Tribunaux, (qui ne sont pas tenus d'ordonner une expertise. Cass. 30 janvier 1818, Pal. t. 20, p. 72). Art. 428 et 429 Cod. pén.	Art. 463 non applicable. V. cet art.	V. à l'Art. précédent ce qui concerne les Représentations Théatrales, dans l'intérêt de la morale et de l'ordre public. Vid. à l'Article Contrefaçon n° 21 les lois sur le droit de propriété en général. 1. Le Décret du 8 juin 1806 a force de loi. Bordeaux, 15 avril 1836. Pal. t. 3 de 1836, p. 513. 2. L'Art. 3 du décret des 13—19 janvier 1791 s'applique aux compositions musicales, comme aux compositions dramatiques. Cass. 20 novembre 1823. Dall. Jurisp. gén. v° Presse, p. 484. 3. Un morceau musical déjà exécuté sur un Théatre ne peut être réputé Air nouveau, encore bien qu'il n'ait pas été gravé. Trib. de comm. de Paris du 9 mai 1834. Dall. 34-2-59. 4. Le Décret du 5 février 1810 n'a rien innové, quant au droit des auteurs des ouvrages dramatiques et des compositeurs de musique ; ces droits continuent à être réglés par les lois antérieures. Avis du Conseil d'État du 20 août 1811, approuvé le 23 du même mois. 5. La Représentation d'un ouvrage non déposé ne constituerait

NUMÉRO D'ORDRE.	QUALIFICATION des CRIMES, DÉLITS ET CONTRAVENTIONS.	COMPÉTENCE.	PEINES ENCOURUES.	APPLICABILITÉ de l'art. 463 du Cod. pén. ou cas dans lesquels il est permis aux Juges d'abaisser la peine par l'admission des circonstances atténuantes.	OBSERVATIONS.
	des 19 juillet—6 août 1791; tit. 3 du décret du 8 juin 1806.				pas une contravention. Carnot t. 2, p. 380. V. ci-dessus v° Contrefaçon note 4. 6. MM. Parant, p. 17 et Pic, t. 2, p. 217, pensent que le droit des auteurs, quant à la représentation de leurs pièces, est régi par le décret des 13—19 janvier 1791, comme il l'est, quant à la Contrefaçon, par celui des 19—24 juillet 1793, mais que pour la durée du droit en faveur de leurs héritiers ou cessionnaires, le décret de 1793 a abrogé implicitement celui de 1791 et que cette durée est de 10 ans dans tous les cas; ces auteurs argumentent du décret du 1 germinal an 13 sur les ouvrages posthumes.
100.	**RÉVÉLATION** de secrets, hors le cas où la loi oblige à se porter dénonciateurs, par les Médecins, Chirurgiens, Officiers de santé, Pharmaciens, Sages-femmes et toutes autres personnes dépositaires par état ou profession, des secrets qu'on leur confie. Art. 378 Cod. pén.	Tribunal correctionnel. Art. 179 C. d'inst. crim.	Emprisonnement 1 à 6 mois. Amende 100 à 500 fr. Art. 378 Cod. pén.	Art. 463 applicable. V. cet art.	1. Les Art. 103, 104, 105, 106 et 107 du Code pénal de 1810, qui obligeaient les citoyens à Révéler les complots formés ou les crimes projetés contre la sûreté intérieure ou extérieure de l'État, ayant été abrogés par l'Art. 103 de la loi du 28 avril 1832 et le projet de loi de 1837 sur le rétablissement au Code de ces articles, ayant été abandonné par le Gouvernement, il n'y a d'obligés à révélation, aux termes de la législation actuelle: 1° que les autorités constituées, fonctionnaires ou officiers publics qui, dans l'exercice de leurs fonctions, acquièrent la connaissance d'un crime ou d'un délit; 2° que les personnes témoins d'un attentat, soit contre la sûreté publique, soit contre la vie ou la propriété d'un individu: encore même les art. 29 et 30 du Cod. d'Instruct. crim. qui contiennent ces prescriptions, n'ajoutent-ils aucune sanction pénale. 2. Suivant les Art. 132, 133, 128, 139 et 144 du Cod. pén., les personnes coupables de contrefaçon ou altération de monnaies d'or, d'argent, de billon ou de cuivre ayant cours légal en France, d'émission, exposition ou introduction sur le territoire français de ces monnaies contrefaites ou altérées, de contrefaçon du sceau de l'État, de contrefaçon ou falsification, soit des effets émis par le trésor public avec son timbre, soit des billets de banque autorisés par la loi, ou d'usage de ce sceau, de ces effets et de ces billets contrefaits ou falsifiés, sont exemptes de toute peine (sauf facultativement de la surveillance à vie ou à temps), si, avant la consommation de ces crimes et avant toutes poursuites, elles en ont donné connaissance et révélé les auteurs aux autorités constituées. 3. Quoique l'Art. 378 du Cod. pén. n'ait pour objet que de punir les Révélations indiscrètes, faites dans le dessein de diffamer et de nuire et quoiqu'il en dispense aucunement les personnes dont il parle, de révéler à la justice les faits à leur connaissance (V. motifs d'un arrêt de Cass. du 23 juillet 1830. Pal. t. 3 de 1830, p. 5. Dall. 30-1-321 Jurisp. crim. 1830, p. 298), les Tribunaux n'obligent pas les Médecins à déposer sur les faits dont ils ont été témoins, ou qui leur ont été confiés dans l'exercice de leur profession. (La Jurisprudence est fixée.) 4. Il en est de même des Prêtres, quand les faits leur ont été confiés en confession. (Jurisp. fixée.)

NUMÉRO D'ORDRE.	QUALIFICATION des CRIMES, DÉLITS ET CONTRAVENTIONS.	COMPÉTENCE.	PEINES ENCOURUES.	APPLICABILITÉ de l'art. 463 du Code pén. ou cas dans lesquels il est permis aux Juges d'abaisser la peine par l'admission des circonstances atténuantes.	OBSERVATIONS.
					5. Il en est de même des Avocats et Avoués, pour les faits qu[i] sont venus à leur connaissance par suite de leur professio[n]. (Jurisp. fixée.) 6. Il en est de même des Notaires, pour les confidenc[es] qui leur sont faites dans le secret de leur étude. Montpellie[r] 24 septembre 1827. Dall. 29-2-88. Bordeaux, 16 juin 1835. Dal[l.] 35-2-138. *Contrà*, Cass. 23 juillet 1830 ci-dessus. 7. Il n'en est pas de même des employés de l'administration d[es] Postes. Cour d'assises d'Indre et Loire du 11 juin 1830. Juris[p.] crim. 1830, p. 187. 8. Un particulier ne peut se dispenser de déposer en justice [à] raison des faits qui sont à sa connaissance, sous le prétexte que l[es] parties se seraient confiées à lui sous le sceau du Secret. Cass. [.] mai 1828. Pal. t. 3 de 1828, p. 511. Dall. 28-1-238. Dall. offi[c.] t. 33, p. 352. Même sous le sceau du Serment. Motifs de Cass. du 30 novem[-]bre 1820. Pal. t. 22, p. 836. *Contrà*, Dall. Jurisp. gén. t. 12, p. 590 not. 14. Carno[t] t. 2, p. 209. 9. L'obligation de garder le secret à laquelle se trouvent sou[-]mis les médecins, ne cesse pas, quoique la personne à qui l[es] soins ont été donnés, en réclame elle-même la révélation. Mon[t-]pellier, 24 septembre 1827 ci-dessus. Grenoble, 23 août 182[8.] Pal. t. 1 de 1829, p. 541. Dall. 28-1-238.
	S.				
	SIGNATURE en minute de chaque numéro du journal ou écrit périodique par le propriétaire, s'il est unique, ou par l'un des gérans responsables. (défaut de.....)	Tribunal correctionl.	Amende 500 à 3,000 fr.	Art. 463 non applicable.	V. au mot Dépôt n° 33. 1. Dans sa séance du 29 août 1835, la Chambre des Député[s] a rejeté la disposition du projet de loi qui punissait la Signatur[e] donnée d'avance en blanc et l'amendement de la Commissio[n] qui prescrivait de donner cette Signature jour par jour. 2. L'obligation de Signer en minute chaque exemplaire d[u] journal n'est exigée que pour les journaux politiques. Observ. de la jurisp. crim. 1829, p. 358. Motifs de l'arrêt de Dijon d[u] 31 mars 1831 cité à la note 2 de l'article suivant.
101.	Art. 16 de la loi du 9 septembre 1835 ; 8 § 1 de la loi du 18 juillet 1818.	Art. 16 de la loi du 9 septembre 1835. Argum. de l'Art. 4 de la loi du 8 oct. 1830 ; Discus. de la loi à la Ch. des Députés, séances des 3 et 4 octob. 1830.	Art. 16 de la loi du 9 sept. 1835.	V. cet art.	3. L'Art. 8 § dernier de la loi du 18 juillet 1828 a adopté l[e] principe de la Responsabilité inséré dans l'Art. 2 de la loi du [9] juin 1819 et il en a ainsi formulé l'application : «Les signatair[es] de chaque feuille ou livraison seront responsables de son conten[u] et passibles de toutes les peines portées par la loi, à raison d[e] la publication des articles ou passages incriminés, sans préju[-]dice de la poursuite contre l'auteur ou les auteurs desdits article[s] ou passages, comme complices. En conséquence, les poursuit[es] judiciaires peuvent être dirigées tant contre les signataires [des] feuilles ou livraisons, que contre l'auteur ou les auteurs d[es] passages incriminés, si ces auteurs peuvent être connus ou mi[s] en cause. »

NUMÉRO D'ORDRE.	QUALIFICATION des CRIMES, DÉLITS ET CONTRAVENTIONS.	COMPÉTENCE.	PEINES ENCOURUES.	APPLICABILITÉ de l'art. 463 du Cod. pén. ou cas dans lesquels il est permis aux Juges d'abaisser la peine par l'admission des circonstances atténuantes.	OBSERVATIONS.
					4. Par arrêt du 24 mars 1836. Pal. t. 3 de 1836, p. 431, la Cour royale de Riom a décidé que le Gérant cité en police correctionnelle ne pouvait appeler l'Auteur de l'article en garantie des condamnations civiles qui seraient prononcées contre lui.
102.	SIGNATURE du propriétaire, s'il est unique, ou de l'un des gérans responsables, imprimée au bas de tous les exemplaires du journal ou écrit périodique. (défaut de.....) Art. 8 § 3 de la loi du 28 juillet 1828.	Tribunal correctionnel. Argum. de l'Art. 4 de la loi du 8 oct. 1830; Discus. de la loi à la Ch. des Députés, séances des 1 et 4 octob. 1830.	Amende 500 fr. contre l'imprimeur. Art. 8 § 3 de la loi du 18 juillet 1828.	Art. 463 non applicable. V. cet art.	1. Lorsque la condamnation est prononcée en vertu de l'Art. 8 § 3 de la loi du 18 juillet 1828, la révocation du brevet de l'imprimeur ne peut s'ensuivre. V. cet Article 8. 2. L'obligation d'imprimer la signature n'est pas imposée aux journaux non politiques qui n'ont point de Gérans responsables. Dijon, 31 mars 1831. Jurisp. crim. 1831, p. 202. Dall. 31-2-255. V. not. 2 de l'Article précédent et not. 3 au mot Gérans responsables Art. 42.
103.	**T.** **TIMBRE.** Défaut de présentation au timbre avant l'impression : 1° Des affiches autres que celles d'actes émanés de l'autorité publique, quelqu'en soit l'objet. Art. 56 de la loi du 9 vendémiaire an 6 ; 65 et 68 de la loi du 28 avril 1816 ; 76 de la loi du 15 mai 1818. 2° Des avis quelqu'en soit l'objet, qui se crient et se distribuent dans les rues et lieux publics ou que l'on fait circuler de toute autre manière.	Trib¹ civil. Art⁵ 76 de la loi du 28 avril 1816 ; 65 de la loi du 22 frimaire an 7 ; 17 de la loi du 27 ventôse an 9. Trib¹ civil.	Contre l'Imprimeur ; Amende 50 fr. Le Roi peut lui retirer le brevet. Contre les Afficheurs ; Emprisonnement 1 j. à 3 jours. Amende 20 fr. (solidairement). Art⁵ 69 de la loi du 28 avril 1816 ; 474 Cod. pén. ; 12 de la loi du 21 octobre 1814 ; 10 de la loi du 16 juin 1814. Contre l'Imprimeur ; Amende 50 fr. Le Roi peut lui retirer le brevet. Contre les Distributeurs ; Emprisonnement 1 j. à 3 jours. Amende 20 fr. (solidairement).	Art. 463 non applicable. V. cet art. Art. 463 non applicable.	Nous avions déjà recueilli, et nous nous proposions de joindre ici en note toutes les décisions relatives au timbre des Affiches, Avis, Cartes, etc., mais nous n'avons pas tardé à nous apercevoir que le résumé des circulaires qui remplissent le dictionnaire et le journal de l'Enregistrement et des arrêts qui sont intervenus en cette matière, grossirait démesurément notre ouvrage ; nous nous sommes donc décidés à supprimer ce travail qui, d'ailleurs, ne rentrait pas nécessairement dans le cadre que nous nous étions tracé. Nous mentionnerons seulement que le prix du Timbre est fixé, savoir : Pour les *Affiches*, à 10 c. la feuille de 25 décimètres carrés de superficie et à 5 c. par demi-feuille, sans subvention du 10°, ni augmentation progressive de 1 c. en sus pour chaque 5 décimètres carrés. Art⁵ 65 et 67 de la loi du 28 avril 1816. Décis. du Ministre des finances du 12 juillet 1823, qui abroge celle du 11 août 1818. Dict. de l'Enregistrement v° Affiche n° 7. Pour les *Avis*, etc., à 10 c. par feuille, 5 c. par demi-feuille, 2 c. 1/2 par quart de feuille, 1 c. par demi-quart de feuille, cartes et autres de plus petite dimension. Art. 66 de la loi du 28 avril 1816. Pour les *Cartes à jouer*, à 25 c. par jeu de quelque nature et de quelque nombre de cartes qu'il soit composé. Art. 160 de la loi du 28 avril 1816.

NUMÉRO D'ORDRE.	QUALIFICATION des CRIMES, DÉLITS ET CONTRAVENTIONS.	COMPÉTENCE.	PEINES ENCOURUES.	APPLICABILITÉ de l'art. 463 du Cod. pén. ou cas dans lesquels il est permis aux Juges d'abaisser la peine par l'admission des circonstances atténuantes.	OBSERVATIONS.
	Art. 1 de la loi du 6 prairial an 7; 66 et 68 de la loi du 28 avril 1816; 75 de la loi du 15 mai 1818.	Art. 76 de la loi du 28 avril 1816; 65 de la loi du 22 frimaire an 7; 17 de la loi du 27 ventôse an 9.	Art. 69 de la loi du 28 avril 1816; 471 Cod. pén.; 12 de la loi du 21 octobre 1814; 10 de la loi du 16 juin 1814.	V. cet Art.	Pour les *feuilles de Papier-Musique*, à 5 c. pour chaque feuille de 24 centimètres sur 38, feuille ouverte ou environ, et à 3 c. pour chaque demi-feuille de cette dimension. — Si la dimension du papier est supérieure à 25 centimètres pour la feuille et à 12 centimètres 1/2 pour la demi-feuille, il faut faire timbrer à l'extraordinaire, au prix de 1 c. pour chaque 5 centimètres d'excédant. Art. 58 de la loi du 9 vendémiaire an 6. Pour les *Journaux*, *Gazettes*, etc., à 6 c. pour chaque feuille de 30 décimètres carrés et au-dessus, à 3 c. pour chaque demi-feuille de 15 décimètres carrés et au-dessous et à 1 c. en sus pour chaque 5 décimètres carrés (sans augmentation de droit pour les fractions au-dessous,) pour les demi-feuilles de plus de 15 décimètres et de moins de 30 décimètres. Art. 2 de la loi du 14 décembre 1830, qui abroge la loi du 13 vendémiaire an 6, l'art. 3 de la loi du 6 prairial an 7 et l'art. 89 de la loi du 15 mai 1818.
3° Des cartes à jouer.		Tribunal correctionnel.	Amende 1,000 fr. Confiscation des objets de fraude.	Art. 463 non applicable.	
	Art. 8 du décret du 13 fructidor an 13; 1 de l'ordonnance du 4 juillet 1821.	Art. 90 de la loi du 9 ventôse an 12.	Art. 9 du Décret du 13 fructidor an 13; Décret du 4 prairial an 13; 7 et 2 de l'Ordonnance du 4 juillet 1821.	V. cet art.	
4° Des feuilles de papier musique.		Tribl. civil.	Amende 20 fr. solidairement contre tous les Auteurs, Distributeurs et Imprimeurs. Lacération des feuilles soustraites au droit.	Art. 463 non applicable.	
	Art. 56 de la loi du 9 vendémiaire an 6; 3 de la loi du 3 brumaire an 6.	Art. 76 de la loi du 28 avril 1816; 65 de la loi du 22 frimaire an 7; 17 de la loi du 27 ventôse an 9.	Art. 60 et 61 de la loi du 9 vendémiaire an 6; 4 de la loi du 3 brumaire an 6; 10 de la loi du 16 juin 1824.	V. cet art.	
5° Des Journaux, Gazettes, Feuilles périodiques et papiers nouvelles.		Tribl. civil.	Amende 20 fr. solidairement contre tous les Auteurs, Distributeurs et Imprimeurs. Lacération des feuilles soustraites au droit.	Art. 463 non applicable.	
	Art. 56 de la loi du 9 vendémiaire an 6; 3 de la loi du 3 brumaire an 6.	Art. 76 de la loi du 28 avril 1816; 65 de la loi du 22 frimaire an 7; 17 de la loi du 27 ventôse an 9.	Art. 61 et 62 de la loi du 9 vendémiaire an 6; 4 de la loi du 3 brumaire an 6; 10 de la loi du 16 juin 1824.	V. cet art.	

FIN DU CODE DE LA PRESSE.

NOTES GÉNÉRALES.

NOTE A.

Sur les Immunités accordées par la loi en matière de Crimes, Délits et Contraventions commis par les voies de publication.

Article 21 *de la loi du* 17 *mai* 1819. « Ne donneront ou-
» verture à aucune action, les discours tenus dans le sein
» de l'une des deux Chambres, ainsi que les rapports ou
» toutes autres pièces imprimées par ordre de l'une des
» deux Chambres. »

Vid. la Discussion de cet Article et des suivans à la
Chambre des Députés, séances des 20 et 21 avril 1819.

Article 22 *de la même loi.* « Ne donnera lieu à aucune ac-
» tion, le compte fidèle des séances publiques de la Cham-
» bre des Députés (et de la Chambre des Pairs; Argument
» de l'art. 27 de la Charte constitutionnelle de 1830.),
» rendu de bonne foi dans les journaux. »

Vid. pour l'Infidélité ou la Mauvaise foi dans le Compte-
rendu des séances publiques des Chambres, l'Art. 18 du
Code ci-dessus : Vid. pour le Compte-rendu de leurs
séances secrètes, l'Art. 17.

Article 23 §§ 1, 2 *et* 3 *de la même loi.* « Ne don-
» neront lieu à aucune action en diffamation ou injure,
» les discours prononcés ou les écrits produits devant les
» tribunaux : Pourront néanmoins, les juges saisis de la
» cause, en statuant sur le fonds, prononcer la sup-
» pression des écrits injurieux ou diffamatoires et condam-
» ner qui il appartiendra en des dommages-intérêts. — Les
» juges pourront aussi, dans le même cas, faire des injonc-
» tions aux Avocats et Officiers ministériels, ou même les
» suspendre de leurs fonctions. — La durée de cette sus-
» pension ne pourra excéder six mois ; en cas de récidive
» elle sera d'un an au moins et de cinq ans au plus. »

Faisons observer sur cet article :

1° que le mot *Écrit* est générique, et qu'il comprend tant
les écrits imprimés que ceux qui ne le sont pas. Cass. 3
juin 1825. D. 26-1-229.

2° Que les imputations attentatoires à l'honneur conte-
nues dans un mémoire d'Avocat produit dans un procès,
sont justifiées par cette circonstance qu'elles ont été dic-
tées par la légitime défense. Trib. de Paris du 4 mai 1832.
Jurisp. crim. 1832, p. 97. Obs. ib. Et que si, au contraire, ces imputations ne sont pas nécessaires à la défense,
l'Avocat se rend par cela même coupable d'une diffamation. Cass. 21 mai 1836. Jurisp. crim. 1836, p. 365.

3° Que pour jouir de l'immunité accordée par la loi, les
discours doivent être tenus à *l'audience.* Cass. 7 juillet 1827.
D. 27-1-488. Grenoble, 9 mai 1834. D. 34-2-207.

4° Que l'écrit, s'il est publié avant qu'il y ait eu une
instance engagée, n'est pas réputé avoir trait à la défense.

Cass. 18 février 1819. (antérieur à la loi du 17 mai 1819.)
S. 20-1-49. Cass. 22 août 1828. Jurisp. crim. 1829, p. 31.
Pal. t. 3 de 1828, p. 590. D. 28-1-399.

5° Que le paragraphe 1 de l'art. 23 ne saurait recevoir
d'application à un écrit contenant réponse à une pétition
adressée à la Chambre des Députés. Cass. 2 août 1821. S.
22-2-13. Dall. Jurisp. gén. t. 11, p. 132. Pal. t. 23, p. 553.
Ni à un écrit présenté à un Ministre dans une affaire sou-
mise à sa décision. Même arrêt du 2 août 1821. Ni à un
écrit produit dans les débats d'une Cour d'Assises, devant
laquelle la loi ne reconnaît que des débats oraux. Cass.
11 août 1820. Dall. Jurisp. gén. t. 4, p. 573. Bull. off. t.
25, p. 320.

6° Qu'il n'est pas nécessaire, pour que l'écrit soit
produit dans le sens de la loi, qu'il ait été signifié ou
émis *comme pièce du procès*, il suffit qu'il ait été distribué
ou qu'on en ait donné connaissance aux Magistrats. Cass.
3 juin 1825 ci-dessus. Cass. 6 février 1829. Jurisp. crim.
1829, p. 156. Pal. t. 3 de 1829, p. 35. D. 29-1-141. S.
29-1-170. Cass. 12 sept. 1829. D. 29-1-394. Jurisp. crim.
1830, p. 14. Pal. t. 2 de 1830, p. 94. Trib. de Paris du 4
mai 1832 ci-dessus. Bastia, 27 décembre 1834. D. 35-2-2.

7° Que lorsqu'une Cour ou un Tribunal déclarent qu'un
écrit n'a pas été produit devant eux, cette déclaration
suffit pour que l'action correctionnelle soit ultérieurement
recevable, alors même qu'il serait avéré que les pas-
sages de cet écrit ont été discutés devant cette Cour ou ce
Tribunal. Cass. 24 décemb. 1830. S. 32-1-769. D. 32-1-239.

8° Que l'art. 23 est sans application dans le cas d'une
diffamation contenue dans un article de journal relatif à
un procès. Cass. 25 juin 1831. Pal. t. 1 de 1832, p. 121.
D. 31-1-273.

9° Que les discours et réquisitoires du Ministère public
ne sauraient donner lieu à aucune action en diffamation
ou injure. Cass. 20 ocobre 1835. Pal. t. 1 de 1836, p. 427.
Jurisp. crim. 1836, p. 112.

10° Que des injures proférées après les plaidoiries et pendant la délibération du Tribunal, ne peuvent rentrer dans
l'exception prévue par l'art. 23 de la loi du 17 mai. Cass.
19 novembre 1829. Pal. t. 1 de 1830, p. 287. D. 29-1-414.
Jurisp. crim. 1830, p. 12.

11° Qu'il en est de même d'un mémoire injurieux publié entre le jugement de première instance et l'appel.
Cass. 21 juin 1832. Jurisp. crim. 1832, p. 267. S. 33-1-
336. D. 33-1-23.

12° Que la suppression d'un mémoire ne peut être ordonnée par des Arbitres-Juges. Paris, implicitement, 23 juin 1825. Pal. t. 1 de 1826, p. 166. D. 33-2-161.

13° Que la fixation du délai de six mois pour la suspension qu'encourt l'Avocat ne s'applique qu'aux diffamations ou injures commises envers les parties et étrangères à la cause, cette suspension pouvant être prononcée pour un plus long délai lorsque la diffamation ou l'injure a eu lieu à l'égard du Tribunal ou de la Cour. Art° 18 et 43 de l'Ordonnance du 20 novembre 1822 sur la profession d'Avocat. 25 janvier 1834. Jurisp. crim. 1824, p. 22. S. 34-1-86. D. 34-1-91. Arg. de Paris du 6 octobre 1836. Jurisp. crim. 1837, p. 41.

14° Enfin, que la suspension de l'Avocat, en vertu des dispositions de l'art. 23 ci-dessus, ne saurait constituer une violation des droits de la défense. Cass. 27 février 1832. Jurisp. crim. 1832, p. 52. Pal. t. 1 de 1832, p. 564. D. 32-1-93. S. 32-1-161.

Article 23 § 4. « Pourront, toutefois, les faits diffamatoires étrangers à la cause donner ouverture soit à l'action publique, soit à l'action civile des parties, lorsqu'elle leur aura été réservée par les Tribunaux et dans tous les cas, à l'action civile des tiers. »

Il faut décider, par interprétation de cet article :

1° Que l'action publique pour les faits diffamatoires étrangers à la cause n'a pas besoin d'être réservée. Obs. des auteurs de la Jurisp. crim. 1830, p. 14. Surtout, quand il y a plainte de la part d'un tiers. Cass. 7 novembre 1834. Pal. t. 3 de 1835, p. 91. S. 35-1-240. D. 35-1-278. — *Contrà,* Toulouse, 10 avril 1829. Jurisp. crim. 1830, p. 14. Pal. t. 2 de 1830, p. 94. D. 29-1-393. Carnot t. 3, p. 206.

2° Que l'action des tiers est aussi réservée de plein droit, mais qu'elle ne l'est que pour la diffamation et non pour l'injure. Par. p. 100.

3° Que lorsque les Tribunaux ont réservé, soit l'action publique, soit l'action civile des parties, les journaux ne peuvent publier les faits diffamatoires. V. au code ci-dessus v° Publication Art. 94.

4° Qu'un témoin n'est pas un tiers dans le sens de l'art. 23 de la loi du 17 mai, et qu'il peut par conséquent se plaindre par la voie correctionnelle d'une diffamation qui aurait été proférée contre lui à l'audience. Cass. 6 novembre 1823. P. t. 2 de 1824, p. 252. S. 24-1-157. Garn. p. 1435. Bourg. t. 3, p. 570. V. toutefois, Par. p. 102 et la note 1 Art. 78 au Code ci-dessus.

5° Que celui qui a été le conseil d'une partie, mais qui ne l'a pas défendue à l'audience, est un tiers dans le sens de la loi de 1819. Nismes, 20 fév. 1833. Pal. t. 1 de 1835, p. 363.

6° Que la disposition de l'art. 23 est applicable au tiers présent à l'audience où la diffamation a été proférée. Même arrêt.

7° Enfin, qu'il faut, pour qu'il y ait lieu à condamnation, que les juges devant lesquels les faits diffamatoires ont été articulés, ou ceux qui sont appelés à statuer sur la répression, déclarent qu'ils sont étrangers à la cause. Cass. 2 avril 1825. D. 25-1-297. Bull. off. t. 30, p. 189. Cass. 6 février 1829. Pal. t. 3 de 1829, p. 35. D. 29-1-141. S. 29-1-170. Jurisp. crim. 1829, p. 156. Motifs de cass. du 12 septembre 1829. Pal. t. 2 de 1830, p. 94. D. 29-1-393. Jur. crim. 1830, p. 14. Bastia, 27 décembre 1834. D. 35-2-2. Cass. 23 novembre 1835. Pal. t. 1 de 1836, p. 354. D. 36-1-12.

NOTE **B.**

Sur la Compétence Exceptionnelle de certaines Jurisdictions en matière de Crimes, Délits et Contraventions commis par les voies de publication.

En indiquant aux colonnes troisièmes des Tableaux ci-dessus, et pour chaque fait répréhensible, quel était le Tribunal qui devait être saisi, nous avons tracé les règles générales de compétence *à raison des délits eux-mêmes*, mais, indépendamment des exceptions que ces règles peuvent recevoir et que nous avons eu soin de faire connaître (1), il faut se demander quelles sont, soit *à raison de la qualité des prévenus,* soit à *raison du lieu du délit*, les jurisdictions exclusivement compétentes.

Et d'abord :

QUANT A LA QUALITÉ DES PERSONNES.

1° *Les Pairs de France.*

D'après l'art. 29 de la Charte constitutionnelle, « aucun
« Pair de France ne peut être arrêté que de l'autorité de la

___

(1) V. au Code les Art° 9, 10, 11, 12 et 68.

« Chambre et jugé que par elle en matière criminelle (1) ». D'où la conséquence que c'est à la Chambre des Pairs constituée en *Cour de justice* qu'il appartient de juger ceux de ses membres qui sont prévenus de Crimes, Délits et Contraventions de la presse.

Il est déjà de jurisprudence : Que la Chambre des Pairs serait compétente alors même que le Pair de France aurait cessé, depuis le commencement des poursuites, de faire partie de la Chambre. Arrêt de la Cour des Pairs du 24 novembre 1830. Jurisp. crim. 1830, p. 300. D. 31-2-13. S. 30-2-382.

Qu'elle serait également compétente quand bien même le Pair de France n'aurait été investi de cette qualité que postérieurement à l'action incriminée et qu'il n'aurait pas encore été admis à prendre séance. Arrêt de la Cour des Pairs du 14 juillet 1831. Jurisp. crim. 1831, p. 209. Pal. t. 1 de 1833, p. 471. Arrêt de la Cour des Pairs du 13 novembre 1831. Pal. t. 1 de 1832, p. 262. Pal. t. 1 de 1832, p. 477. Arg. de l'arrêt de la Cour royale de Paris 20 septembre 1831. Jurisp. crim. 1831, p. 26.

Et enfin, qu'elle serait compétente pour juger non seulement le Pair de France inculpé, mais encore ses complices. Mêmes arrêts ci-dessus des 24 novembre 1830, 14 juillet et 20 septembre 1831. Par. p. 253.

2° *Les Magistrats de l'Ordre judiciaire.*

La combinaison des art.ˢ 479 et 483 de Cod. d'instruction crim. avec les art.ˢ 1 et 6 de la loi du 8 octobre 1830, a donné naissance à la question de savoir, si les Cours royales, substituées aux Tribunaux correctionnels pour le jugement des délits communs imputés aux Magistrats inférieurs de l'ordre judiciaire, sont également compétentes pour juger les Délits de la presse que ces Magistrats auraient commis?

Pour répondre à cette question, il faut distinguer : ou bien les délits dont la répression est poursuivie sont de nature à être jugés correctionnellement et dans ce cas le Magistrat peut invoquer la juridiction privilégiée de la Cour royale et le bénéfice des art.ˢ 479 et 483, ou bien ces délits rentrent dans la classe de ceux qui sont déférés au Jury et alors le Magistrat demeure soumis au droit commun. Rapp. et Discuss. de la loi du 8 octobre 1830. Moniteur du 6 octobre 2e suppl. Réquisit. du Proc. gén. Dupin et Arrêt de cass. du 14 avril 1831. Jurisp. crim.

(1) En principe, le Pair de France est, pour les contraventions de police, justiciable, comme les autres citoyens, des Tribunaux de simple police. Cass. 25 mai 1833. Jurisp. crim. 1833, p. 140. Pal. t. 3 de 1833, p. 350. D. 33-1-222. S. 33-1-181. Legrav. t. 2, p. 624. — En matière de presse, les contraventions doivent être mises, quant à la compétence, sur la même ligne que les délits correctionnels.

1831, p. 129. Pal. t. 3 de 1831, p. 365. D. 31-1-157. S. 31-1-150. Par. p. 256 (1).

Lorsque le jugement du délit imputé au Magistrat est dévolu à la Cour royale, cette Cour doit en connaître, soit que le Magistrat ait cessé ses fonctions dans l'intervalle écoulé entre le fait incriminé et la citation en justice. Cass. 14 janvier 1832. Jurisp. crim. 1832, p. 259. Soit que sa promotion à la Magistrature ait été postérieure à la perpétration du délit. Cass. 21 oct. 1825. rapp. par Par. ibid. Cass. 15 novemb. 1833. Jurisp. crim. 1833, p. 533.

3° *Les Militaires.*

Il résulte du rapprochement des lois des 3 pluviôse an 2, 22 messidor an 4 et 13 brumaire an 5, que ce n'est pas sur la nature du délit, mais bien sur la qualité des prévenus, qu'est basée la compétence des *Conseils de guerre.* L'art. 85 de l'acte constitutionnel du 22 frimaire an 8 dit formellement que les *délits des Militaires* sont soumis à des Tribunaux spéciaux, et l'Avis du Conseil d'État du 7 fructidor an 12 déclare que « par les mots Délits des Militaires, » on ne peut entendre que les délits commis par les Mi-» litaires contre leurs lois particulières ou contre les lois » générales, lorsque, se trouvant sous les drapeaux ou à » leurs corps, ils sont assujettis à une discipline ou à une » surveillance plus sévère. »

Il est dès-lors évident que la juridiction des Conseils de guerre étant absolue à l'égard des individus qui s'y trouvent soumis (2), ces Tribunaux doivent connaître des Crimes, Délits et Contraventions aux lois sur la presse imputés aux Militaires présens à leur corps, garnison ou cantonnement. V. Circulaire du Ministre de la guerre du 28 novembre 1835, Moniteur du 10 décembre.

4° *Les Membres de l'Université.*

Le décret du 15 novembre 1811 sur le régime de l'U-

(1) Ce que nous disons du Magistrat inférieur de l'ordre judiciaire, il faut le dire aussi des grands Officiers de la Légion d'honneur, des Généraux commandant une Division ou un Département, des Archevêques, Évêques, Présidens de Consistoires, des Membres de la Cour de Cassation, de la Cour des Comptes, d'une Cour Royale, et des Préfets. Art. 10 de la loi du 20 avril 1810. — Il faut le dire aussi des Magistrats des Colonies. Cass. 29 janvier 1825. Pal. t. 3 de 1825, p. 384. D. 25-1-215. — Il faut le dire encore (si le Procureur-Général le requiert toutefois) des Membres de l'Université et des Étudians. Art. 160 du décret du 15 novembre 1811.

(2) Il n'y a d'exceptions que pour les Délits et Contraventions prévus par des lois tout-à-fait spéciales et ayant pour but plutôt l'intérêt des finances de l'État que le maintien de l'ordre en général. Avis du Conseil d'État du 4 janvier 1806 (Chasse). Cass. 13 septembre 1829. Pal. t. 1 de 1830, p. 252 (Contrebande). Cass. 23 août 1833. Jurisp. crim. 1833, p. 294 (Octroi).

niversité , contient entr'autres dispositions les articles suivans :

Article 41. « L'Université aura jurisdiction sur ses mem-
» bres, en ce qui touche...... les injures, diffamations et
» scandales entre les membres et l'application des pei-
» nes encourues par les délinquans. »

Art. 71. « Entre les membres de l'Université , les inju-
» res verbales et par écrit seront punies, sur la plainte de
» la partie offensée, par la réprimande ou la censure, sui-
» vant les cas : il sera fait d'ailleurs à l'offensé telle excuse
» ou réparation que le Conseil estimera convenable. »

Art. 73. « Si un membre de l'Université se rendait coupa-
» ble de diffamation, de calomnie envers un autre membre,
» il sera puni par la suspension de ses fonctions avec priva-
» tion du traitement pendant trois mois , même par radia-
» tion du tableau de l'Université , avec affiche de l'ordon-
» nance, suivant la gravité des cas. »

Art. 82. « Dans les cas où des tiers seraient intéressés
» dans la contestation, elle sera portée devant les Tribu-
» naux , si les tiers ne consentent pas à s'en rapporter au
» jugement du Grand-Maître ou du Conseil de l'Université. »

Art. 158. « Nos Cours royales exerceront leur droit à rai-
» son des délits ou crimes commis dans les établissemens
» de l'Université , lesquels n'auront , à cet égard , d'autre
» privilége que ceux accordés pour les cas prévus par le
» présent décret (1). »

Les différens articles ci-dessus ne prononçant que des peines de discipline , on s'est demandé, si , en dehors de leur prescription , le Ministére public peut agir par les voies ordinaires contre un membre de l'Université prévenu de diffamation ou d'injure envers un autre mem-bre , et si les Cours d'Assises et les Tribunaux correction-nels doivent, dans ce cas, se déclarer incompétens ? M. Pa-rant (p. 259,)n'hésite pas à décider, en thèse, que le décret du 15 novembre 1811 a voulu déroger aux régles générales de la compétence et soustraire les Membres de l'Université à la loi commune des citoyens , en créant pour eux une juris-diction exclusive et privilégiée , mais il ajoute que cette jurisdiction exceptionnelle ne peut plus subsister sous l'empire de la Charte , et que l'Université n'a plus aujour-d'hui à exercer qu'un droit disciplinaire. Même décision par le Tribunal de Montpellier , le 29 avril 1837, Journ. le Droit du 12 mai 1837, nº 519. — La Cour royale de Paris a jugé au contraire (Arrêt du 3 oct. 1833. Pal. t. 1 de 1834, p. 473. D. 34 2-54.) que l'exercice des droits des Cours

royales et des Procureurs généraux est restreint aux faits autres que ceux à l'égard desquels les articles 71 et sui-vans ont accordé un privilége aux membres de l'Université. V. deux décisions du Conseil royal de l'instruction publi-que des 15 et 22 mai 1830, rapp. au t. 2 de la jurisp. crim. p. 183 et suivantes.

QUANT AU LIEU DU DÉLIT.

Deux observations doivent être faites :

La première , qu'aux termes de l'article 12 de la loi du 26 mai 1819, « et dans le cas où les formalités prescrites
» par les lois et réglemens concernant le dépôt ont été rem-
» plies, les poursuites à la requête du Procureur du Roi
» ne peuvent être faites que devant les juges *du lieu où le*
» *dépôt a été effectué* , ou celui *de la résidence du prévenu*. —
» En cas de contravention aux dispositions ci-dessus rap-
» pelées concernant le dépôt, les poursuites peuvent être
» faites, soit *devant le juge de la résidence* du prévenu, soit
» *dans les lieux où écrits et autres instrumens de publication ont*
» *été saisis*. — Dans tous les cas , la poursuite à la re-
» quête de la partie plaignante peut être portée *devant les*
» *juges de son domicile*, lorsque la publication y a été
» effectuée » V. Rapport et discussion de cet Article à la Chambre des Députés , séances des 17 et 23 avril 1819 et Exposé de la loi à la Chambre des Pairs , séance du 8 mai 1819. V. aussi Arrêt de Cass. du 7 novembre 1834. D. 34-1-179. S. 34-1-240.

La seconde , qu'en vertu des articles 502 et 181 du Cod. d'inst. crim. « Si un crime est commis à l'audience de la
» Cour de cassation, d'une Cour royale ou d'une Cour d'as-
» sises , la Cour doit, de suite et sans désemparer, pro-
» céder au jugement et si un délit est commis dans
» l'enceinte et pendant la durée des audiences d'une Cour
» ou d'un Tribunal correctionnel ou civil, la Cour
» ou le Tribunal doivent appliquer, sans désemparer, les
» peines portées par la loi. »

Remarquons seulement quant à ces derniers textes de la loi , applicables sans aucun doute aux délits de la presse, que les Cours d'assises, statuant dans les cas ci-dessus, jugent sans assistance de Jurés. Legrav. t. 1 , p. 518 , Par. p. 266 et Arrêt qu'il cite du 13 septembre 1832. Cass. 27 février 1832. Pal. t. 2 de 1832, p. 564. D. 33-1-93. S. 32-1-162. Jurisp. crim. 1832, p. 52. — Et que nonobstant les dispositions de l'article 508 du Cod. d'inst. crim. elles prononcent à la simple majorité, bien que le nombre des Conseillers ou Juges ait été réduit à trois par la loi du 4 avril 1831 et l'article 253 du Cod. d'inst. crim. édit. de 1832. Par. p. ib. Cass. 27 février et 13 septembre 1832, ib. Cette dernière solution peut cepen-dant être contestée.

---

(1) V. pour les délits commis par les Eléves des Lycées ou des Col-
léges communaux , au-dessous de seize ans, les Art. 76, 77, 78 et 79 du
même décret du 15 novembre 1811.

NOTE C.

Sur les diverses Procédures, en matière de Crimes, Délits et Contraventions commis par les voies de Publication.

Plusieurs marches sont tracées par les lois, pour arriver à la répression des crimes, délits et contraventions de la presse, nous allons successivement les parcourir en rapportant seulement les dispositions spéciales et en renvoyant pour le surplus au Code d'instruction criminelle que l'article 31 de la loi du 26 mai 1819 déclare devoir être observé en ses dispositions auxquelles il n'a pas été dérogé.

Et d'abord : *En matière de Contrefaçon* (1).

L'article 3 du décret des 19-24 juillet 1793 sur la propriété littéraire porte « que les officiers de paix » (aujourd'hui les Commissaires de police et à défaut les Juges de paix. Loi du 25 prairial an 3.) « sont tenus de » faire confisquer à la réquisition et au profit des au- » teurs, compositeurs, peintres, dessinateurs ou autres, » leurs héritiers ou cessionnaires, tous les exemplaires » des éditions imprimées ou gravées, sans la permission » formelle et par écrit des auteurs. »

Sur cet article, il faut noter :

1° Qu'il n'est pas nécessaire d'obtenir préalablement à la saisie, une ordonnance du juge. Motifs de Cass. du 5 floréal an 13. Pal. t. 6, p. 119. Dall. Jurisp. gén. t. 11, p. 480.

2° Que l'article 3 de la loi de 1793 ne fait pas de la saisie une condition nécessaire de l'exercice de l'action appartenant aux auteurs ou à leurs cessionnaires. Cass. 27 mars 1835. D. 35-1-438. S. 35-1-750.

3° Que la saisie serait nulle, si elle était opérée par tout autre fonctionnaire que les commissaires de police ou les juges de paix. V. au Code Art. 21 note 27.

4° Que la saisie serait également nulle, si la visite domiciliaire avait été faite hors la présence du prévenu et si l'identité des objets saisis n'avait pas été bien constatée. Cass. 5 floréal an 13 ci-dessus.

2° *En matière de Contravention aux lois sur l'Imprimerie et la Librairie* (2).

D'après l'article 15 de la loi du 21 octobre 1814, « il y » a lieu à saisie d'un ouvrage, si l'imprimeur ne représente » pas les récépissés de la déclaration et du dépôt ordon- » nés par l'article 14 de la même loi (1) et si chaque exem- » plaire ne porte pas le vrai nom et la vraie demeure » de l'imprimeur. » (2)

La saisie est opérée de l'ordre du Procureur du Roi ou du Juge d'instruction par les commissaires de police. « L'ordre et le Procès-verbal de saisie » non le procès-verbal de perquisition. Cass. 2 avril 1830. Bull. offic. t. 35, p. 203 « sont, sous peine de nullité » de la saisie, « signifiés dans les 24 heures à la partie saisie. » § 1 de la loi du 28 février 1817, non abrogée pour les cas où la saisie n'a pas lieu à raison du contenu de l'ouvrage. Cass. 22 août 1823. Bull. off. t. 28, p. 351. Cass. 17 mars 1828 rapp. par Par. p. 641. Cell. p. 29 et 43. « La partie saisie peut former opposition. » § 1 de la même loi.

« En cas d'opposition, le Procureur du Roi doit faire » toute diligence pour que dans la huitaine, à dater du » jour de ladite opposition, il soit statué sur la saisie. » § 2 de ladite loi.

« Le délai de huitaine expiré, la saisie, si elle n'a pas été » maintenue par le Tribunal, demeure, de plein droit, » périmée et sans effet et tous les dépositaires de l'ouvrage » sont tenus de le remettre au propriétaire. » § 3 de la même loi.

Observons avec Parant, p. 289 et Celliez p. 29 :

1° Que le ministère public n'est assujetti à aucun délai pour faire statuer sur la poursuite et qu'on ne peut le contraindre à agir qu'en formant opposition.

2° Que c'est le Tribunal juge du fonds et non la Chambre du conseil ou la Chambre d'accusation, qui statue sur la validité de la saisie.

3° Que malgré que la saisie soit périmée ou que le Tribunal ne l'ait pas maintenue, le ministère public n'en conserve pas moins le droit de faire juger la contravention.

3° *En matière de Crimes ou Délits déférés à la Cour des Pairs* (3).

Il doit nous suffire sur ce Chef, de renvoyer aux re-

---

(1) Vid. au Code ci-dessus l'Art. 21.
(2) Vid. au Code les Articles 50, 51, 52, 53, 54, 62, 63 et 90.

(1) Vid. au Code les Articles 53 et 54.
(2) Vid. au Code les Articles 52, 63 et 90.
(3) Vid. au Code les Articles 9, 10, 11 et la note B § 1.

11

eueils d'arrêts qui font connaître la procédure que la Cour a suivie dans les différentes causes dont elle a eu à s'occuper, en attendant le règlement législatif sur lequel les Chambres doivent être appelées à voter.

4° En matière d'Offense envers les Chambres et d'Infidélité et de Mauvaise Foi, soit dans le Compte-rendu de leurs séances, soit dans le Compte-rendu des audiences des Cours et Tribunaux.

Vid. nos Observations aux Articles 68 et 18 du Code ci-dessus; V. aussi dans le Moniteur et dans Garnier, p. 1438, les formalités que la Chambre des Pairs et celle des Députés ont observées dans les procès intentés en 1823 contre le Drapeau blanc, en 1826 contre le Journal de Commerce et en 1835 contre le National, la Tribune et le Réformateur.

5° En matière de Contravention aux Lois de la Presse proprement dites.

Deux différentes manières de procéder sont admises par les lois sur la Presse: l'une que les auteurs désignent sous la qualification de *Voie d'instruction préalable*, l'autre plus expéditive et que l'on appelle *Voie de citation directe*.

Entrons dans le détail des actes que ces deux procédures nécessitent.

SECTION Iʳᵉ. *Voie de l'Instruction préalable.*

« La partie publique, si elle poursuit d'office, ou le plaignant, adressent » au Juge d'instruction « un Réquisitoire ou une Plainte qui doit, à peine de nullité de la poursuite, articuler et qualifier les provocations, attaques, offenses, outrages, faits diffamatoires ou injures à raison desquels la poursuite est intentée. » Art. 6 de la loi du 26 mai 1819.

Il est indispensable de s'arrêter un instant sur cet article et d'annoter:

1° Qu'aux termes de l'article 4 de la loi du 8 octobre 1830, le Procureur du Roi peut toujours agir d'office, en fait de délits de la presse, à l'exception des cas prévus par les Artˢ 2, 3, 4 et 5 de la loi du 26 mai 1819 (1).

2° Que l'articulation et la qualification des faits ne sont pas requises, lorsque le délit est prévu par le droit commun.

3° Qu'elles ne sont pas exigées non plus, quand il s'a-

(1) Vid. au Code ci-dessus les Artˢ 18 not. 13; 21 not. 26, 34 not. 14; 35 not. 9 et 10 ; 36 not. 3 et suiv.; 37 not. 11 et suiv.; 56 not. 10; 56 not. 5; 57 not. 3; 62 not. 11; 68 not. 1; 69 not. 1; 72 not. 2; 74 not. 14 et 77 not. 2.

git d'infidélité et de mauvaise foi dans le compte-rendu des séances des Chambres et des audiences des Cours et Tribunaux. V. not. 5 de l'art. 18 du Code ci-dessus.

4° Que les délits de la presse sont suffisamment articulés et qualifiés lorsque le réquisitoire ou la plainte désignent le passage incriminé, soit par les pages du volume, soit par les mots qui le commencent et par ceux qui le terminent, et lorsqu'ils contiennent la citation de la loi pénale qui lui est applicable. Cass. 8 septemb. 1824. D. Jurisp. gén. t. 11, p. 331. S. 25-1-68. Cass. 26 mars 1830. Jurisp. crim. 1830, p. 101. S. 30-1-222. D. 30-1-196. Sans qu'il y ait obligation, en cas de poursuite collective pour plusieurs articles, d'énoncer quel est le délit spécialement contenu dans chacun d'eux. Argument de Cass. du 13 juillet 1833. Pal. t. 2 de 1833, p. 188. D. 33-1-24 (rendu en matière de citation directe. V. plus bas).

L'erreur de l'indication de la loi pénale suffirait toutefois pour faire prononcer la nullité du réquisitoire ou de la plainte. Cass. 14 juin 1834. D. 34-1-389.

5° Qu'il suffit que la qualification des faits, omise dans la plainte que la partie adresse au Procureur du Roi, se retrouve dans le réquisitoire du ministère public au Juge d'instruction. Cass. 16 juin 1832. Jurisp. crim. 1832, p. 316. D. 32-1-86. S. 32-1-856 Pal. t. 1 de 1833, p. 516.

6° Enfin, que le réquisitoire est indivisible et que nul à l'égard d'un prévenu, il est susceptible d'être annulé à l'égard de ceux qui sont enveloppés dans la même poursuite. Cass. 14 juin 1834 ci-dessus.

Après avoir pris connaissance du réquisitoire ou de la plainte, le Juge d'instruction décerne, suivant qu'il y a lieu, un Mandat de comparation, d'amener, de dépôt ou d'arrêt. Argument de l'art. 28 de la loi du 26 mai; Cod. d'inst. crim. Liv. 4, Chap. 7. — V. *Contra*, les discussions intervenues dans l'affaire du National, dont l'analyse se trouve au t. 4 de la Jurisp. crim. p. 115.

S'il s'agit d'un simple délit, « l'inculpé contre lequel il aura été décerné un mandat de dépôt ou d'arrêt obtient » s'il le réclame, « sa mise en liberté provisoire moyennant une caution » dont le minimum est fixé à 500 fr. Art. 113 Cod. d'inst. crim. Cass. 18 janvier 1833. D. 33-1-349 et « qui ne peut être supérieure au double du maximum de l'amende prononcé par la loi contre le délit qui lui est imputé. » Art. 28 de la loi du 26 mai 1819.

« Immédiatement après avoir reçu le réquisitoire ou la plainte, » ou même d'office. Par. p. 286. « le Juge d'instruction peut ordonner la saisie des écrits, imprimés, placards, dessins, gravures, emblèmes ou autres instrumens de publication. » Art. 17 de la loi du 26 mai.

Il est procédé à la saisie par les Commissaires de police, qui doivent, lorsqu'ils ne trouvent rien à mettre sous la main de la justice, dresser un procès-verbal de perquisition.

« L'ordonnance et le Procès-verbal de saisie » et non le Procès-verbal de perquisition. Cass. 8 septembre 1824 ci-dessus, « sont notifiés, dans les trois jours de ladite saisie à la personne entre les mains de laquelle la saisie a été faite, à peine de nullité. » Art. 7 de la loi du 26 mai.

Par interprétation de cet article, la Jurisprudence a décidé qu'aucune disposition de la loi n'oblige à notifier au prévenu l'ordre et le procès-verbal de saisie. Cass. 12 juil. 1833. Jurisp. crim. 1833, p. 311, mais, que cette notification, si elle est faite, ne donne au prévenu le droit d'élever aucune réclamation. Cour d'assises de la Seine du 26 mars 1834. Jurisp. crim. 1834, p. 94. — En second lieu que l'absence de notification à la partie saisie n'entraîne que la nullité de la saisie et non celle des poursuites. Même Arrêt du 26 mars 1834.

« Dans la huitaine de la notification, le Juge d'instruc-
» tion doit mettre l'affaire en état et présenter son rap-
» port à la Chambre du conseil. » Art. 8 de la loi du 26 mai.

« La Chambre du conseil doit statuer dans les 10 jours
» à compter de la notification de la saisie » et non du procès-verbal de perquisition. Cass. 24 mai 1831. Dall. Jurisp. gén. t. 11, p. 330. Cass. 8 septemb. 1824 ci-dessus. A défaut de quoi, « la saisie est périmée de plein
» droit et tous les dépositaires des objets saisis sont
» tenus de les rendre au propriétaire, sur la simple exhi-
» bition du certificat du greffier constatant qu'il n'y a
» pas eu d'ordonnance dans le délai prescrit. — Ce certifi-
» cat doit être délivré par le greffier, à la première réqui-
» sition, à peine d'une amende de 300 fr., sans préju-
» dice des dommages-intérêts, s'il y a lieu. — Toutes les
» fois qu'il ne s'agit que d'un simple délit, la prescription de
» la saisie entraîne celle de l'action publique. » Art. 11 de la loi du 26 mai.

« La Chambre du conseil procède ainsi qu'il est dit au
» Code d'inst. crim. Liv. 1, Chap. 9, sauf les dispositions
» ci-après. » Art. 8 de la loi du 26 mai.

« Si la Chambre est unanimement d'avis qu'il n'y a pas
» lieu à poursuivre, elle prononce la main levée de la
» saisie. » Art. 9 de la loi du 26 mai.

Le Procureur du Roi et la partie civile peuvent se pourvoir contre cette décision. Arg. de l'Art. 10 de la loi du 26 mai 1819; et ce, par requête au greffe. Cass. 18 juillet 1833. Pal. t. 1 de 1834, p. 133. D. 33-1-289. S. 33-1-596.

Dans le cas où la Chambre n'a pas été unanimement d'avis d'acquitter, elle rend, suivant qu'il s'agit d'un délit ou d'un crime, une ordonnance de renvoi en police correctionnelle, ou un jugement de mise en prévention. Arg. des Art. 8, 9 et 10 de la loi du 26 mai.

Dall. Jurisp. gén. t. 11, p. 114 et A. Dall. dict. v° Presse, n° 693, soutient que l'ordonnance de renvoi en police correctionnelle doit être notifiée au prévenu, mais rien dans la loi n'impose cette obligation et dans la pratique, les parquets négligent cette formalité : la Cour de cassation a reconnu l'inutilité de cette notification, dans son arrêt du 8 mai 1834. Dall. Jurisp. gén. ibid. p. 118.

« Le jugement de mise en prévention et l'ordonnance
» de renvoi en police correctionnelle doivent articuler et
» qualifier les faits, à raison desquels ladite prévention
» ou le renvoi sont prononcés, à peine de nullité desdits
» jugement ou ordonnance. » Art. 15 de la loi du 26 mai.

Lorsque la Chambre rend un jugement de mise en prévention ou lorsque, sa décision étant plus favorable au prévenu, « le Procureur du Roi ou la partie civile se pour-
» voient, les pièces sont transmises, sans délai, au Pro-
» cureur-Général près la Cour royale. » Art. 10 de la loi du 26 mai.

« Le Procureur-Général est tenu de faire son rapport à
» la Chambre d'accusation, dans les cinq jours de la ré-
» ception des pièces. » Même article.

« Dans les trois jours de ce rapport, la Chambre d'ac-
» cusation statue. » Même article.

Si la partie saisie croit convenable de se pourvoir contre l'ordonnance de la Chambre du conseil, elle est autorisée à présenter et déposer au greffe de la Cour royale une requête à l'appui de son pourvoi. Art. 11 de la loi du 26 mai.

« A défaut par la Cour royale d'avoir prononcé dans les
» dix jours du dépôt en son greffe de la requête de la
» partie saisie, la saisie est de plein droit périmée. » Art. 11 de la loi du 26 mai 1819. Cass. 17 août 1832. Bull. offic. t. 32, p. 481. « et tous les dépositaires des objets
» saisis sont tenus de les rendre au propriétaire, sur la
» simple exhibition du certificat du greffier constatant
» qu'il n'y a pas eu d'arrêt dans le délai prescrit. — Le
» Greffier est tenu de délivrer ce certificat à la première
» réquisition, sous peine d'une amende de 300 fr., sans
» préjudice des dommages-intérêts, s'il y a lieu. — Toutes
» les fois qu'il ne s'agit que d'un simple délit, la péremp-
» tion de la saisie entraîne celle de l'action publique. »
Même Art. 11 de la loi du 26 mai.

S'il s'élève des présomptions suffisantes de culpabilité, la Cour royale renvoie l'affaire, soit devant la Cour d'assises pour être jugée à la plus prochaine session, soit devant le Tribunal correctionnel, sauf les cas attribués aux Tribunaux de simple police. Art. 13 et 14 de la loi du 26 mai 1819. V. les colonnes 3 au Code et la note B ci-dessus.

« Lorsque le renvoi est prononcé devant la Cour d'as-
» sises ou devant le Tribunal correctionnel, la Chambre
» du conseil doit articuler et qualifier les faits, à raison
» desquels le renvoi est prononcé, à peine de nullité
» de l'arrêt. » Art. 15 de la loi du 26 mai.

La Cour ne peut ordonner que le prévenu comparaîtra

devant la Cour d'assises en état de mandat d'amener, qu'autant que dans le cours de l'instruction un mandat de dépôt ou d'arrêt aurait été décerné contre lui. Cass. 18 février 1831. Jurisp. crim. 1831, p. 121.

« L'arrêt de renvoi est tout de suite notifié au prévenu. » Art. 13 de la loi du 26 mai.

Le prévenu peut se pourvoir devant la Cour de cassation, contre l'arrêt de renvoi dans les trois jours (francs. Cass. 28 juillet 1820. Pal. t. 22, p. 677. Sir. 21-1-9. Dall. Jurisp. gén. t. 11, p. 329. Cass. 7 décembre 1832. Dall. 33-1-226. Jurisp. crim. 1832, p. 327. Pal. t. 3 de 1833, p. 291. Sir. 33-1-560. Cass. 8 novembre 1834. Pal. t. 2 de 1835, p. 337 Jurisp. crim. 1834, p. 363. Cass. 13 février 1836 rapp. par Par. Suppl. p. 477.) de la notification. Art. 373 Cod. d'Inst. crim. Cass. 28 juillet 1820 ci-dessus. Cass. 19 mai 1832. Jurisp. crim. 1832, p. 262. Cass. 19 janvier 1833. Jurisp. crim. 1833, p. 53. Sir. 33-1-503. — Il aurait cinq jours à compter de l'avertissement qui lui serait donné dans son interrogatoire par le Président des assises, s'il était renvoyé devant cette Cour, à raison d'un crime. Art. 296 Code d'inst. crim. Arg. de Cassation du 19 mai 1832 ci-dessus. — Le ministère public peut aussi, dans les trois jours de l'arrêt, se pourvoir devant la Cour suprême. Art. 373 Cod. d'inst. crim. Cass. 13 janvier 1832. Jurisp. crim. 1832, p. 116. Cass. 18 décembre 1834. Jurisp. crim. 1835, p. 186.

L'annulation des ordonnances de la Chambre du conseil par la Cour royale, ou des arrêts de la Cour royale par la Cour de cassation, n'entraînerait pas la nullité du réquisitoire régulier qui les aurait précédés. Cass. 8 septembre 1824. Dall. Jurisp. gén. t. 12, p. 331. Sir. 25-1-68.

La Cour de cassation est-elle compétente pour apprécier les écrits sur lesquels sont intervenus les arrêts qui lui sont déférés? Sur cette question, la Cour de cassation avait elle-même déclaré dans ses arrêts des 15 octobre 1825 et 27 mars 1830. Jurisp. crim. 1830, p. 101, que les décisions des Cours royales étaient souveraines : par ses arrêts des 26 avril 1826, 5 août et 21 octobre 1831. Pal. t. 1 de 1827, p. 246. Jurisp. crim. 1831, p. 21 et 349. Sir. 31-1-343, elle distingua entre l'appréciation du fait et sa qualification légale et en vint même au point de décider si l'article incriminé devait, ou non, être poursuivi, Arrêts des 7 février 1833. Jurisp. crim. 1833, p. 38. Dall. 33-1-351. Sir. 33-1-255 et surtout du 29 mai 1834. Jurisp. crim. 1834, p. 307 : Mais elle est revenue à sa première jurisprudence et deux décisions solennelles par elle rendues les 6 août et 4 novembre 1834. Jurisp. crim. 1834, p. 307. Pal. t. 3 de 1834, p. 361. Sir. 34-1-563 et 518. Dall. 34-1-440 ont reconnu que les arrêts des Cours, *motivés en fait*, demeuraient à l'abri de sa censure. Voir dans ce dernier sens, les observations des auteurs de la jurisprudence criminelle 1832, p. 351 et 1833, p. 39, et

la Gazette des Tribunaux du 14 juin 1833. Voir aussi les conclusions du Procureur-général Dupin dans l'affaire jugée le 4 novembre 1834 et l'opinion de MM. Barris et Mangin, rapportées par les arrêtistes. — *Contra.* Parant, p. 312 et Suppl. p. 477.

Suivons maintenant le prévenu devant les juridictions auxquelles nous avons vu qu'il pouvait être renvoyé.

§ 1er *Procédure devant la Cour d'Assises.*

« Si le prévenu est en état d'arrestation, il doit, vingt-quatre heures au plus tard après son arrivée dans la maison de justice, être interrogé par le Président de la Cour d'assises, qui doit l'interpeller de déclarer le choix qu'il a fait d'un Conseil pour l'aider dans sa défense, sinon, lui en désigner un sur le champ. » Art. 293 et 294 Code d'instr. crim. — Ces deux formalités ne doivent cependant pas être observées à peine de nullité, lorsque le prévenu n'est renvoyé devant la Cour d'assises qu'à raison d'un délit. Par. p. 316.

Il en est de même de l'avertissement que l'art. 295 oblige le Président des assises de donner au prévenu. V. ci-dessus les arrêts des 28 juillet 1820, 19 mai 1833 et 19 janvier 1833.

Il en est de même de l'Acte d'accusation qui n'est aussi exigé, à peine de nullité, que dans les cas où il s'agit d'un crime. Cass. 4 mars 1831. Pal. t. 3 de 1831, p. 24. Dall. 31-1-131. Sir. 31-1-85. Jurisp. crim. 1831, p. 33. — *Contra*, Consultation du 22 février 1831 rapp. par la Jurisp. crim. 1831, p. 27.

Le ministère public obtient du Président des assises une ordonnance portant fixation du jour du jugement. Arg. de l'Art. 17 de la loi du 26 mai.

« Il fait dûment notifier cette ordonnance au prévenu ou à son domicile, dix jours au moins avant l'échéance, outre un jour par cinq myriamètres de distance. » Même Art. 17.

Il lui fait aussi notifier la liste des jurés et cette notification doit, à peine de nullité, être faite dans les délais voulus par l'article 395 du Code d'instruction criminelle et au prévenu lui-même, s'il est en état d'arrestation ; dans le cas contraire, elle est signifiée à personne ou à domicile et dans les délais déterminés par l'article 184 du même Code. Arg. des arrêts des 19 mai et 20 juillet 1832 cités ci-dessous à l'article de la notification de la liste des jurés au prévenu cité directement devant la Cour d'assises.

Pour la signification de la liste des témoins, V. la note D sur la preuve des faits diffamatoires.

« Au jour fixé pour le jugement, le prévenu, s'il n'est pas présent, » par lui-même ou par un fondé de pouvoirs, Par. p. 327 Suppl. p. 449 et 485. Cour d'assises de la

Seine du 22 mai 1835. Sir. 35-2-409. Jurisp. crim. 1835, p. 133. Pal. t. 1 de 1836, p. 11. Cass. 19 décembre 1835. Jurisp. crim. 1836, p. 179. Mâle et majeur. Cour d'assises de la Seine du 23 juin 1835. Jurisp. crim. 1835, p. 130. Pal. t. 1 de 1836, p. 12. Sir. 35-2-409. — *Contrà*, Cell. p. 89. « est » jugé par défaut. La Cour statue sans assistance ni interven- » tion de Jurés, tant sur l'action publique que sur l'action » civile. » Art. 17 de la loi du 26 mai 1819 ; 2 de la loi du 8 avril 1831 ; 25 de la loi du 9 septembre 1835 (1).

Le ministère public fait notifier l'arrêt de défaut à per- sonne ou à domicile. Arg. des Art. 18 de la loi du 26 mai 1819 ; 25 de la loi du 9 septembre 1835. ou au siége de l'établissement du journal. Cass. 28 août 1834. Dall. 34-1- 488. Pal. t. 3 de 1834, p. 398.

« L'opposition à cet arrêt doit être formée dans les cinq » jours à partir de la notification, » outre un jour par chaque cinq myriamètres de distance « à peine de nullité. » Art. 25 de la loi du 9 septembre 1835. Arg. de l'Art. 18 de la loi du 26 mai 1819.

« L'opposition emporte de plein droit citation à la pre- » mière audience. » Art. 25 de la loi du 9 septembre 1835.

À l'audience, le prévenu peut avoir des moyens préju- diciels à faire valoir : il peut demander un sursis motivé, soit sur le pourvoi qu'il a dirigé contre l'arrêt de la Cham- bre des mises en accusation, soit sur la dénonciation qu'il porte contre le plaignant, à raison des faits pour les- quels il est poursuivi ; il peut opposer la nullité des actes qui l'ont amené en présence de la Cour ; enfin, il peut se réfugier derrière la prescription.

Quant au sursis, il résulte d'une part, de l'Art. 25 de la loi du 9 septembre, que « toute demande en renvoi » doit être présentée à la Cour avant l'appel et le tirage » au sort des Jurés, » et que « lorsque cette dernière » opération a commencé en présence du prévenu, l'arrêt » à intervenir sur le fonds est définitif et non susceptible » d'opposition, quand même il se retirerait de l'audience » après le tirage du Jury ou durant le cours des débats. » — Il résulte d'autre part, de l'Art. 25 de la loi du 26 mai 1819, que « lorsque les faits imputés » ou l'un d'eux, Cass. 26 juillet 1821. Sir. 21-1-417. Dall. 21-1-443 » sont

---

(1) Avant la loi du 9 septembre 1835, la Jurisprudence avait consa- cré que le prévenu pouvait faire défaut, même après avoir décliné ses noms et profession. Cass. 8 septembre 1824. Dall. Jurisp. gén. t. 11, p. 331. Sir. 25-1-69 ; Même après avoir concouru à la formation du tableau du Jury. Cour d'assises de la Seine du 9 mars 1832. Jurisp. crim. 1832, p. 265. Cass. 24 août 1832. Jurisp. crim. 1832, p. 368. Sir. 33-1-242. Dall. 32-1-396 ; Même après avoir proposé un moyen préjudiciel. Cass. 7 décembre 1822. Pal. t. 1 de 1823, p. 222. Dall. Jurisp. gén. t. 11, p. 332. Sir. 23-1-30. — Il ne le pouvait plus cepen- dant, alors qu'il avait pris des conclusions au fonds et qu'il avait présenté des moyens de défense. Cass. 8 septembre 1824 ci-dessus.

» punissables, selon la loi » et non prescrits. Par. p. 337, » et qu'il y a des poursuites commencées » et non termi- nées. Par. p. 336, « à la requête du ministère public, ou » que l'auteur de l'imputation a dénoncé les faits » à une autorité judiciaire française. Cass. 28 septembre 1815. Sir. 33-1-332. Dall. Jurisp. gén. t. 7, p. 599. Cass. 7 mars 1817. Dall. Jurisp. gén. t. 11, p. 122. Cass. 7 février 1835. Bull. offic. t. 40, p. 64, avant ou après l'arrêt de renvoi. Cass. 25 juillet 1821 ci-dessus. « il doit être, durant l'ins- » truction, sursis à la poursuite et au jugement du délit de » diffamation. » V. note D ci-après. — Pour le sursis moti- vé sur le pourvoi dirigé contre l'arrêt de la Chambre des mises en accusation. Vid. liv. 2, tit. 2, au Code d'ins- truction criminelle.

En ce qui concerne la nullité des actes qui précèdent la comparution à la Cour d'assises, il est évident que le pré- venu ne peut attaquer que ceux de ces actes qui ont suivi l'arrêt de la Chambre des mises en accusation, contre le- quel il aurait dû se pourvoir devant la Cour suprême. Cass. 4 août 1831. Sir. 31-1-282. Dall. 31-1-301. Jurisp. crim. 1831, p. 309.

Quant à la prescription, Vid. la note G ci-après.

Au fonds, la Cour statue contradictoirement, en vertu des Art. 310 et suiv. du Code d'inst. crim. — Nous ferons seulement remarquer : 1° que la Cour d'assises étant exclu- sivement compétente pour apprécier s'il existe, *en matière de délit*, des circonstances atténuantes, et si elle peut y avoir égard (la Jurisprudence est depuis long-temps fixée en ce sens.), le Président est dispensé de donner aux Jurés l'avertissement prescrit par l'Art. 341 du Code d'inst. crim. Cass. 11 août 1832. Jurisp. crim. 1832, p. 227. Par. p. 190, 341, 452 et 481. — 2° que des dommages-intérêts peuvent être réclamés et obtenus par le plaignant contre le prévenu dé- claré non coupable par le Jury. Cass. 27 février 1835. Sir. 35-1-454. Dall. 35-1-422. — 3° que dans tous les cas, et quelle que soit la déclaration du Jury et la décision de la Cour, « le prévenu doit supporter, sans recours, les frais de » l'expédition et de la signification de l'arrêt par défaut et » de l'opposition, ainsi que de l'assignation et de la taxe des » témoins appelés à l'audience pour le jugement de l'op- » position. » Art. 18 de la loi du 26 mai.

Vid. pour l'application des peines, les colonnes 4 au Code ci-dessus.

Vid. pour les pourvois en cassation les Articles 416 et suiv. du Code d'instruction criminelle et spécialement l'Art. 26 de la loi du 9 septembre 1835, qui porte que « le pourvoi en cassation contre les arrêts qui ont statué » tant sur des questions de compétence que sur des inci- » dens, ne sera formé qu'après l'arrêt définitif et en même » temps que le pourvoi contre cet arrêt, » et que « aucun » pourvoi formé auparavant, ne pourra dispenser la Cour » d'assises de statuer sur le fonds. »

§ 2. *De la procédure devant le Tribunal correctionnel.*

En ce qui concerne la procédure à suivre, lorsque le délit a été déféré aux Tribunaux correctionnels, nous croyons devoir nous borner à renvoyer aux dispositions prescrites par le Chap. 2, titre 1, liv. 2 du Code d'instruction criminelle : nous signalerons seulement deux exceptions introduites par les lois spéciales de la Presse.

En premier lieu, il ne suffit pas qu'aux termes de l'Art. 183 du Code, la citation énonce les faits, il est indispensable qu'elle les articule et les qualifie. Arg. de l'Art. 6 de la loi du 26 mai 1819. Bordeaux 22 février 1833. Jurisp. crim. 1833, p. 206. Cass. 21 août 1835. Jurisp. crim. 1836, p. 57. Bull. offic. t. 40, p. 386. Arg. de cassation du 22 juillet 1835 cité par Par. p. 576. — En second lieu, et nonobstant les dispositions de l'art. 185 du Code d'instruction criminelle, le prévenu peut être admis à se faire représenter par un fondé de pouvoir dans les affaires relatives à des délits de la presse pouvant entraîner la peine de l'emprisonnement. Arg. de l'Art. 19 de la loi du 26 mai 1819. Par. p. 339.

Quant aux exceptions préjudicielles que le prévenu peut avoir à opposer et à la preuve des faits diffamatoires à laquelle il peut demander d'être admis, Vid. ci-dessus.

Section II. *Voie de la Citation directe.*

Aux termes du Code d'instruction criminelle et de la loi réglementaire du 26 mai 1819, un arrêt de renvoi était toujours nécessaire pour saisir la juridiction des Assises, et c'était seulement devant les Tribunaux correctionnels que le ministère public pouvait amener directement les prévenus, mais les Jurés ayant été nantis par la loi du 8 octobre 1830 de la connaissance de véritables *délits*, et d'autre part, le Législateur ayant reconnu que « la ré- » pression cessait d'être efficace, si elle arrivait après » que le fait répréhensible était oublié, et que les impres- » sions qu'il avait pu produire, étaient effacées » (Exposé des motifs des lois du 8 avril 1831 et 9 septembre 1835), les lenteurs de la procédure ont été abrégées, et le ministère public a pu citer directement devant les deux juridictions répressives.

Examinons quelle est la procédure qu'il doit suivre pour amener le prévenu, soit devant les Jurés, soit devant les Tribunaux de première instance.

§ 1. *Procédure devant la Cour d'assises.*

Et d'abord, le ministère public doit chercher à s'assurer des Juges : l'Art. 27 de la loi du 9 septembre 1835 (1)

lui fait un devoir, « si, au moment où il exerce son ac- » tion, la session de la Cour d'assises est terminée, et » s'il ne doit pas s'en ouvrir d'autre à une époque rap- » prochée, de requérir du Premier Président une session » extraordinaire. — L'ordonnance motivée de ce magistrat » prescrit le tirage au sort des Jurés, conformément à » l'Art. 388 du Code d'instruction criminelle et désigne le » Conseiller qui doit présider. — Dans les chefs-lieux des » Départemens où ne siege pas une Cour royale, le Prési- » dent du Tribunal est de plein droit Président de la Cour » d'assises, si le Ministre de la justice ou le Premier Pré- » sident n'en ont pas désigné un autre. »

« Le ministère public adresse aussitôt au Président de la » Cour d'assises, pour obtenir l'indication du jour au- » quel le prévenu sera sommé de comparaître, un réqui- » sitoire dans lequel il articule et qualifie les provocations, » attaques, offenses, outrages, faits diffamatoires ou in- » jures, à raison desquels la poursuite est intentée. » Art. 2 de la loi du 8 avril 1831. — Vid. sur cette articulation et cette qualification des faits, les observations ci-dessus et les arrêts des 7 décembre 1822. Dall. Jurisp. gén. t. 11, p. 33. S. 23-1-30. Pal. t. 1 de 1823, p. 222 ; 3 février 1832. Dall. 32-1-121. Bull. offic. t. 37, p. 47 ; 8 mars 1833. Jurisp. crim. 1833, p. 85 ; 13 juillet 1833. Pal. t. 2 de 1833, p. 188. Dall. 33-1-24.

Au bas du réquisitoire, « le Président fixe le jour de la » comparution devant la Cour d'assises, et commet l'huis- » sier qui est chargé de la notification. » Art. 2 de la loi du 8 avril 1831.

La partie publique fait signifier au prévenu l'ordonnance de Président, avec citation à trois jours. Art. 24 de la loi du 9 septembre 1835 ; 2 de la loi du 8 avril 1831. — Cette citation peut être ainsi donnée, même « lorsqu'il y a eu » saisie préalable des écrits, dessins, gravures, litho- » graphies, médailles ou emblèmes ; mais, dans ce cas, » elle doit être précédée de la signification du procès-ver- » bal de saisie, » soit « au prévenu. » Même article 24 de la loi du 9 septembre, soit à la personne entre les mains de qui la saisie a été pratiquée. Par. Suppl. p. 447. — Par son arrêt du 17 septembre 1836, Jurisp. crim. 1836, p. 363. Pal. t. 3 de 1836, p. 362, la Cour de cassation a jugé que la citation pourrait être donnée à trois jours, alors même qu'il aurait été fait après la saisie, des actes d'instruction. — *Contrà*, Observ. des auteurs de la Jurisprudence criminelle 1836, p. 211.

Trois jours avant la comparution aux assises, le ministère public doit notifier au prévenu ou à son domicile la liste des Jurés. Arg. des Art. 365 et 184 du Cod. d'inst. crim. Cass. 19 mai 1832. Pal. t. 3 de 1832, p. 371. Jurisp. crim. 1832, p. 129. Cass. 20 juillet 1832. Jurisp. crim. 1833, p. 145. Pal. t. 2 de 1833, p. 215. Dall. 33-1-23. Sir. 33-1-60.

---

(1) Une autre loi du même jour 9 septembre 1835 a introduit, pour le jugement des crimes de Rebellion et autres, prévus par les articles 209 et suiv. du Cod. pén., et par la loi du 24 mai 1834 sur les Détenteurs d'armes de guerre, une procédure particulière, par voie de citation directe, dont il n'est point de notre sujet de nous occuper.

Pour la signification de la liste des témoins, les arrêts de défaut, leur signification, l'opposition, les demandes en renvoi motivées sur la dénonciation portée contre le plaignant à raison des faits diffamatoires, les nullités des actes d'instruction, les arrêts définitifs, la prescription, les circonstances atténuantes, les peines à prononcer, les dommages-intérêts, les dépens du défaut et les pourvois en Cassation, V. ci-dessus section I § I. Nous ferons observer seulement : 1° qu'au nombre des moyens préjudiciels dont la Cour peut avoir à s'occuper, quand elle est saisie directement, se trouve sa propre compétence. Observ. de la Jurisp. crim. 1832, p. 253. Coll. p. 91. — 2° Que dans les mêmes cas de citation directe, il appartient à la Cour de statuer sur la nullité de tous les actes de la procédure et notamment sur le mérite de la saisie. Vid. Exposé des motifs de la loi du 9 septembre 1835.

§ 2. *Procédure devant le Tribunal correctionnel.*

La procédure qu'il faut suivre lorsque les délits de la presse sont soumis directement à l'appréciation des Tribunaux correctionnels, n'est autre que celle tracée pour arriver à la répression des délits communs et il doit nous suffire, de renvoyer aux dispositions édictées par les Art⁸ 182 et suiv. du Cod. d'inst. crim.: Rappelons néanmoins que par exception à l'art. 183 de ce code, la citation qui nantit le Tribunal, doit non seulement énoncer les faits incriminés, mais qu'elle doit les articuler et les qualifier. Art. 6 de la loi du 26 mai 1819. Vid. les Arrêts de Cass. déjà cités des 13 juillet 1833. Pal. t. 2 de 1833, p. 188. D. 33-1-24. Cass. 23 juillet 1835 ind. par Par. p. 376. Cass. 21 août 1835. Jurisp. crim. 1836, p. 57. Bull. off. t. 40, p. 386.

En terminant cette note qu'il n'a pas dépendu de nous d'abréger, qu'il nous soit permis d'ajouter par forme d'observation générale, que les formalités dont nous avons parlé à la section première sont communes au ministère public et à la partie civile, mais que le ministère public ayant seul qualité pour nantir la Cour d'assises des *délits* de sa compétence, la partie civile ne peut prendre la voie de la citation directe que pour les faits dont la loi attribue la connaissance aux Tribunaux correctionnels. Art⁸ 1 de la loi 26 mai 1819; 1 de la loi du 8 avril 1831; 24 de la loi du 9 septembre 1835.

NOTE **D.**

Sur la Preuve des Faits Diffamatoires (1).

L'art. 370 du Code pénal et l'art. 18 de la loi du 25 mars 1822 ayant été abrogés par les Art⁸ 26 de la loi du 17 mai 1819 et 5 de celle du 8 oct. 1830, il ne reste aujourd'hui en matière de preuve du faits diffamatoires, d'autre disposition législative que celle de l'art. 20 de la loi du 26 mai 1819, ainsi conçue : « Nul ne sera admis à prouver la vérité des faits
» diffamatoires, si ce n'est dans le cas d'imputation contre
» des *Dépositaires* ou *Agens de l'Autorité*, ou contre *toutes*
» *personnes ayant agi dans un caractère Public*, de faits rela-
» tifs à leurs fonctions. Dans ce cas, les faits pourront être
» prouvés par devant la Cour d'assises par toutes les voies
» ordinaires, sauf la preuve contraire par les mêmes
» voies. La preuve des faits imputés met l'auteur de l'im-
» putation à l'abri de toute peine, sans préjudice des
» peines prononcées contre toute injure qui ne serait
» pas nécessairement dépendante des mêmes faits. »

Sur l'application de cet Article, on s'est demandé :

1° Si la preuve des faits diffamatoires que la loi autorise contre tout Dépositaire de l'autorité dans le cas d'imputation de faits relatifs à leurs fonctions, pourrait aussi être admise dans le cas d'Outrages faits à un fonctionnaire public à raison de ses fonctions. V. sur cette question la note 6 de l'art. 77 au Code ci-dessus.

2° Si la preuve des faits diffamatoires pourrait être faite alors qu'il s'agit d'Outrages commis envers un fonctionnaire public dans l'exercice de ses fonctions. V. au Code l'Art. 74 not. 15.

3° Si elle pourrait être admise quand il s'agit d'Offenses. V. not 3 de l'Art. 66 au Code ci-dessus.

4° Si elle pourrait être autorisée dans le cas de poursuite pour Trouble à la Paix publique par excitation à la haine contre une classe de personnes. V. au Code la note 8 de l'art. 80.

5° Si elle pourrait être faite à l'encontre d'un acte authentique rédigé par le fonctionnaire ? V. pour l'affirmative, la discussion à la Chambre des Députés, séance du 27 avril 1819 et un arrêt de Cass. du 31 décembre 1835 ind. par Par. suppl. p. 482.

6° Si elle pourrait être admise alors que l'imputation diffamatoire a été dirigée contre un individu décédé. Carnot t. 2 p. 195, n'hésite pas à déclarer que les Tribunaux doivent dans ce cas, passer outre au jugement de l'action pour injures et rejeter la demande en preuve, comme ils de-

---

(1) V. au Code ci-dessus les Art⁸ 34 not. 12; 66 not. 3; 74 not. 15; 77 not. 6 et 80 not. 8. V. la note C sur les procédures à suivre pour arriver à la répression des délits de la Presse.

vraient rejeter la demande en surcis si elle leur était adressée.

7° Enfin l'on s'est demandé si la preuve légale (et on
entend par preuve légale celle qui résulte d'un jugement ou
de tout autre acte authentique. Ancien Art. 370 Cod. pén.)
pourrait être proposée non seulement contre les Fonctionnaires ou Agens de l'autorité, mais même contre toute
personne. Sur cette question, deux systèmes existaient
avant l'abrogation de l'art. 18 de la loi du 25 mars 1822 ;
selon quelques Commentateurs, les Tribunaux devaient
avoir égard à cette preuve lorsqu'elle était faite contre
toute personne et on argumentait pour établir cette these
de la discussion à la Chambre des Députés de la loi du 25
mars et surtout d'un amendement de M. Bonnet et des
paroles formelles du Garde des Sceaux V. Gaz. des Tribunaux des 27 novembre et 4 déc. 1829 n°ˢ 1341 et 1348
et le Moniteur du 7 février 1822. Selon d'autres auteurs,
la preuve légale, comme la preuve ordinaire, ne pouvait
être admise que contre les fonctionnaires et on appuyait
cette opinion sur l'abrogation de l'art. 370 du Cod. pén.
par l'art. 26 de la loi du 17 mai 1819 et sur la règle qu'a-
vait ensuite établie l'art. 20 de la loi du 26 mai 1819. V. Gaz.
des Tribunaux du 5 déc. 1829 n° 1349, et l'Affaire Aguado,
dans les journaux du 19 février 1830. De ces deux inter-
prétations la seconde nous paraît devoir être la seule admissible aujourd'hui : — Nous devons toutefois rappeler que
MM. Parant p. 345 et Celliez p. 46 pensent que c'est au Tribunaux, qu'il appartient de prononcer avec discernement,
si la preuve légale peut affranchir le prévenu de la peine
qu'il aurait encourue pour une imputation faite dans un
mauvais dessein.

Mais quelles sont les formalités à remplir pour arriver
à la preuve des faits diffamatoires ?

Aux termes de l'art. 24 de la la loi du 26 mai 1819,
« le plaignant doit immédiatement après l'arrêt de ren-
» voi, élire domicile près la Cour d'assises et notifier
» cette élection au prévenu et au ministère public : à dé-
» faut de quoi, toutes les significations sont valablement
» faites au plaignant au greffe de la Cour. »

« Dans les huit jours qui suivent la notification de l'ar-
» rêt de renvoi devant la Cour d'assises ou de l'opposition
» à l'arrêt par défaut rendu contre lui, » ladite huitaine
augmentée d'un jour par chaque 5 myriametres de distance. Discuss. de la loi à la Chambre des Députés, séance du 29 avril 1819. « le prévenu doit signifier au plai-
» gnant, » même au plaignant qui ne s'est pas constitué
partie civile. Par. p. 353. Cell. p. 46. « 1° les faits ar-
» ticulés et qualifiés dans cet Arrêt, desquels il entend
» prouver la vérité : 2° la copie des pièces, » s'il veut faire
usage de pièces : « 3° les noms, professions et demeures
» des témoins, par lesquels il entend faire sa preuve.
» Cette signification doit contenir élection de domicile près

» la Cour d'assises, le tout à peine d'être déchu de la
» preuve. » Art. 21 de la loi du 26 mai 1819.

Si le plaignant veut faire la preuve contraire (et il ne
peut y être admis dans le cas où le prévenu garde le
silence Arg. de Cass. du 2 février 1827 rendu sous l'empire de l'art. 18 de la loi du 25 mars 1822. Pal. t.2 de
1827, p. 238. S. 27-1-288. Par. p. 354.), « il doit, dans les
» huit jours suivans, faire signifier au prévenu au domi-
» cile par lui élu » ou à sa personne s'il est en état d'arrestation « les copies des pièces » s'il entend faire usage des pièces « et les noms, professions et demeures
» des témoins par lesquels il entend faire sa preuve ; le
tout également à peine de déchéance. » Art. 22 de la loi
du 26 mai.

Dans le cas où le plaignant (partie civile), aurait négligé
de faire citer les témoins dans les délais fixés, le ministère
public aurait le droit de les faire assigner d'office, en se
conformant aux formalités imposées au plaignant. Montpellier 8 mars 1836. Jurisp. crim. 1836, p. 157.

Si le plaignant en diffamation ou injure veut faire entendre des témoins qui attestent sa moralité (et la loi lui
accorde ce droit, quand bien même le prévenu n'aurait
pas jugé convenable de faire la preuve des faits diffamatoires. Motif d'un arrêt de cassation du 2 février 1827 ci-
dessus cité. Par. p. 355.) « Il doit notifier au prévenu ou
» à son domicile, les noms, professions et demeures de
» ces témoins, un jour au moins avant l'audition. » Art.
23 de la loi du 26 mai.

Lorsque le plaignant ne s'est pas constitué partie civile,
rien ne s'oppose à ce que le ministère public administre
des témoins sur sa moralité. Cass. 8 novembre 1833. Pal.
t. 2 de 1834, p. 28. Dall. 34-1-32. Sir. 34-1-383. — Mais
le prévenu ne peut, en aucun cas, être admis à contester
par d'autres témoins cette même moralité du plaignant.
Même article 23 de la loi du 26 mai.

A l'audience de la Cour d'assises, les témoins sont en-
tendus. Art. 20 de la loi du 26 mai.

Cette dernière disposition de la loi de 1819 a donné naissance à la question de savoir si la preuve des faits diffamatoires pouvait être admise, soit devant le Juge d'instruction et les Chambres du conseil et d'accusation, soit
devant le Tribunal correctionnel, dans les cas dont parlent
les articles 14 de la loi du 26 mai 1819 et 2 de la loi du
8 octobre 1830, soit enfin devant la Cour d'assises, lorsque
le prévenu y est cité directement, en vertu des lois du
8 avril 1831 et 9 septembre 1835.

Sur la première question, il ne peut exister de doute
sérieux, et les Cours royales de Douai et de Montpellier
n'ont pas hésité, dans leurs arrêts des 1 mars 1831 et 16
décembre 1835. Pal. t. 3 de 1831, p. 305. Jurisp. crim.
1831, p. 77 et 1836, p. 157, à reconnaître l'incompé-
tence du Juge d'instruction et des Chambres du conseil et

d'accusation. — Sur les deux autres , MM. Parant , p. 369 , 356 , 483 et 485 et Celliez, p. 46 se sont décidés avec raison , ce nous semble , pour l'affirmative, en invoquant la pratique qui modifie par le droit commun la procédure spéciale réglementée par les articles 21 et suiv. de la loi du 26 mai 1819. V. néanmoins contre l'admissibilité de la preuve devant les Tribunaux correctionnels , les motifs d'un arrêt de cassation du 11 avril 1822. Pal. t. 2 de 1823 , p. 455. Dall. Jurisp. gén. t. 11 , p. 100. Sir. 22-1-371.

NOTE E.

Sur le Cumul des Peines , en matière de Crimes , Délits et Contraventions commis par les voies de Publication.

Deux articles seulement du Code d'instruction criminelle parlent du cumul des peines : l'Art. 365 § 2 qui décide en thèse que « en cas de conviction de plusieurs crimes ou « délits, la peine la plus forte doit seule être prononcée » et l'Art. 379 qui fait l'application de ce principe au cas où « l'accusé est inculpé par les débats d'une Cour d'assises , « d'un crime méritant une peine plus grave que celle à « laquelle il est condamné et au cas où il a des complices « en état d'arrestation. »

Tel est le droit commun, et la Jurisprudence de la Cour de cassation a depuis long-temps déterminé dans quel sens on devait entendre ces dispositions de la loi , Arrêts des 28 février et 5 août 1824 , 15 mars 1828 , 28 mars 1829, 29 avril et 23 juin 1832 et 2 août 1833. et à quels délits spéciaux s'appliquait la règle générale : En matière de Presse notamment, et par ses arrêts des 25 novembre 1831. Pal. t. 1 de 1833 , p. 104 , Dall. 33-1-73 ; 23 juin 1832. Pal. t. 2 de 1833, p. 198. Jurisp. crim. 1833, p. 232, Dall. 32-1-343 ; 3 octobre 1835. Pal. t. 3 de 1835, p. 587. Jurisp. crim. 1835, p. 279. Sir. 35-1-678, la Cour suprême a déclaré que « si le principe posé dans l'article 365 du « Code d'instruction criminelle recevait une exception « dans les matieres qui étaient régies par les lois et régle- « mens particuliers et sur lesquels il n'avait pas été « statué par le Code pénal , cette exception ne pouvait « s'étendre aux délits commis par la voie de la Presse , les « prohibitions portées par les lois répressives de ces délits « découlant nécessairement de celles qui sont portées par « le Code pénal pour les délits ordinaires. » etc.

Mais cette interprétation adoptée par la Cour d'assises de la Seine dans un arrêt du 15 juillet 1833. Jurisp. crim. 1833 , p. 191. doit être modifiée, en vertu d'une nouvelle disposition législative. Aujourd'hui et aux termes du § 2 de l'article 12 de la loi du 9 septembre 1835 , « les peines « prononcées par cette loi et par les lois précédentes sur « la Presse et autres moyens de publication , ne se con- « fondent pas entr'elles et sont toutes intégralement « subies, *lorsque les faits qui y donnent lieu sont postérieurs « à la première poursuite.* »

NOTE F.

Sur la Récidive, en matière de Crimes , Délits et Contraventions commis par les voies de Publication.

En Règle générale et d'après les dispositions des Art⁸ 56 et suivans du Code pénal de 1810, celui qui a été condamné à une peine afflictive ou infamante et qui commet un nouveau crime doit être puni du bannissement, si le second crime emporte comme peine principale la dégra- dation civique; de la détention, si le deuxième crime em- porte la peine du bannissement; des travaux forcés à temps, s'il emporte la réclusion; du maximum et même facultati- vement, du double de la même peine, s'il emporte les travaux forcés à temps; des travaux forcés à perpétuité s'il emporte la peine de la déportation; de la peine de mort, s'il emporte la peine des travaux forcés à perpé- tuité. — Si le deuxième fait ne constitue qu'un délit de nature à être puni correctionnellement, le coupable doit être condamné au maximum de la peine portée par la loi et cette peine peut même être élevée jusques au double. — Si un individu condamné correctionnellement à un empri- sonnement de plus d'une année, commet un nouveau délit, il doit être condamné au maximum de la peine portée par la loi et cette peine peut même être élevée jusques au double; il doit de plus être mis sous la surveillance spéciale du Gouvernement pendant cinq ans au moins et dix ans au plus. — D'après les Art⁸ 474, 482 et 483 combinés, les individus qui ont, dans les cas prévus par les Art⁸ 474,

12

475 et 479, subi, dans les 12 mois précédens, un premier jugement pour contravention de police, commise dans le ressort du même Tribunal, doivent être condamnés à un emprisonnement qui n'excède pas, suivant les circonstances, trois ou cinq jours. — Enfin aux termes des Art° 463 et 484, les circonstances atténuantes peuvent être admises, même en cas de récidive.

Telles sont les prescriptions du Code et il est reconnu en principe que ces dispositions s'étendent aux délits déterminés par des lois particulières, lorsque ces lois n'ont pas établi des régles spéciales sur la récidive A. D. Dict. v° Presse n° 753. Par. p. 105. Cass. 22 janv. 1824. S. 24-1-282. D. 24-1-102. Pal. t. 2 de 1824, p. 255. Cass. 21 décembre 1827. S. 28-1-470. D. 28-1-66. Pal. t. 2 de 1828, p. 189. Cass. 14 mars 1828. S. 28-1-320. D. 28-1-173. Bull. off. t. 33, p. 176. Cass. 29 novembre 1828. S. 29-1-288. D. 29-1-41. Pal. t. 1 de 1829, p. 399. Cass. 6 août 1829. S. 29-1-347. D. 29-1-323. Jurisp. crim. 1829, p. 318. Cass. 13 sept. 1832. S. 33-1-191. Dall. 33-1-69. Jurisp. crim. 1832, p. 199. Pal t. 2 de 1833, p. 186.

Voyons maintenant quel changement ont apporté à ces dispositions, les lois qui se sont occupées de la presse.

Et d'abord, une première exception aux régles générales tracées par le Code pénal fut admise dans deux cas particuliers par la loi du 21 octobre 1814 relative à la liberté de la presse : L'art. 16 en édictant, comme nous l'avons vu aux n° 53 et 54 du Code ci-dessus, deux amendes distinctes de 1,000 fr. contre les imprimeurs pour défaut de déclaration avant l'impression et pour défaut de dépôt avant la publication, prévit le cas où les imprimeurs se rendraint une seconde fois coupables de ces délits et pour ces récidives, il prononça deux amendes distinctes de 2,000 fr.

Bientôt après et dans l'art. 166 de la loi des finances du 28 avril 1816, le législateur statua que l'amende de 1,000 à 3,000 fr. prononcée contre les fabricateurs, introducteurs, distributeurs, vendeurs et colporteurs de cartes à jouer demeurerait toujours fixée à 3,000 f. en cas de récidive. V. au Code ci-dessus Art. 13.

Vient ensuite la loi du 17 mai 1819, relative aux crimes et délits commis par la voie de la Presse ou par tout autre moyen de publication, dont l'article 25 établit une dérogation plus générale aux principes admis par le Code en déclarant, non plus obligée, mais facultative seulement, l'aggravation de peines prononcées pour la récidive. — Il est à remarquer toutefois, que la Jurisprudence a entendu cet article 25 de la loi du 17 mai en ce sens, que la faculté de ne pas aggraver n'existe que lorsque les délits successifs ont été réprimés l'un et l'autre par les lois de la Presse et qu'au contraire, l'obligation d'aggraver demeure imposée aux juges, quand la première condamnation a été prononcée en dehors de ces lois. Cass. 22 janvier 1824 ci-dessus. Cass. 12 septembre 1829. Sir. 30-1-309. Dall. 29-1-355.

Jurisp. crim. 1829, p. 340. Cass. 13 septembre 1829 ci-dessus. Cass. 26 février 1835. Dall. 35-1-182. Bull. offic. t. 40, p. 83. — *Contrà*, Douai, 11 décembre 1829. Jurisp. crim. 1830, p. 19. Arg. de Cass. du 19 janvier 1833 rapp. par Par. p. 105. Chauv. et Hélie t. 1, p. 454 et suiv.

Une quatrième dérogation fut établie par la loi du 9 juin 1819 relative à la publication des journaux ou écrits périodiques : apres avoir énoncé que dans les cas de condamnation contre les propriétaires ou éditeurs (aujourd'hui Gérans-responsables) d'un journal ou écrit périodique, « les amendes pourraient être élevées au double, » l'Art. 10 de cette loi déclara que « lorsqu'il y aurait récidive, ces » mêmes amendes pourraient être portées au quadruple » sans préjudice, » ajouta-t-il, « des peines de la récidive » prononcées par le Code pénal. » — MM. Parant p. 124 et A. Dalloz dict. v° Récidive n° 88, font observer que malgré les expressions dont s'est servi cet article 10 et malgré ce renvoi au Code pénal, l'aggravation des peines, autres que l'amende, est restée facultative, ainsi que l'avait réglé l'article 25 de la loi du 17 mai 1819.

La loi du 25 mars 1822 ne changea rien à ces dispositions générales : comme l'avait précédemment fait la loi du 21 octobre 1814, elle se borna à prévoir des espèces particulières et son article 7 porte « qu'en cas de récidive du » délit d'infidélité ou de mauvaise foi dans les comptes que » rendent les journaux des séances des Chambres et des au- » diences des Tribunaux. » V. au Code ci-dessus Art. 18. » et encore dans le cas assimilé à la récidive, où le compte » serait offensant ou injurieux, les éditeurs (aujourd'hui les Gérans-responsables) du journal ou écrit périodique devront » être condamnés, outre l'amende, à un emprisonnement » d'un mois à trois ans, qu'il pourra leur être interdit pour » un temps ou pour toujours de rendre compte des débats » législatifs ou judiciaires et que la violation de cette dé- » fense devra être punie de peines doubles. » — Il faut noter que dans l'hypothese prévue par l'article 7 de la loi du 25 mars, il n'est pas nécessaire pour qu'il y ait lieu à l'aggravation de la peine qu'il édicte contre la récidive, que l'infidélité ou la mauvaise foi existent dans deux comptes-rendus de la même nature et que deux rapports successifs infideles d'une séance législative et d'une audience judiciaire constitueraient un journal en état de récidive. Cass. 19 octobre 1833. Sir. 34-1-46. Dall. 33-1-357. Arrêt de la Chambre des Députés du 4 juin 1835. Arrêt de la Chambre des Pairs du 26 mai 1835. Par. p. 114. Cell. p. 59. Chauv. et Hélie t. 1, p. 460. Ces derniers auteurs ajoutent que dans le cas dont il s'agit, la peine de l'emprisonnement ne serait pas obligatoire, mais cette décision paraît avec raison à A. Dall. dict. v° Récidive n° 91, donner naissance à un doute sérieux.

L'Art. 15 de la loi du 18 juillet 1828 sur les journaux ou écrits périodiques, a sanctionné de plus fort les dispositions de l'article 10 du 9 juin 1819 : il porte « que pour la « récidive commise par le même Gérant et dans le cas pré- « vu par l'article 58 du Code pénal, indépendamment des « dispositions de cet article 10 de la loi du 9 juin, les Tri- « bunaux peuvent, suivant la gravité du délit, prononcer « la suspension du journal ou écrit périodique pour un temps « qui ne peut excéder deux mois ni être moindre de dix « jours. »

Cette disposition de la loi du 18 juillet a été modifiée par la loi du 9 septembre 1835 relative aux crimes, délits et contraventions qui peuvent être commis par la voie de la Presse, dont l'article 12 § 1 dispose que « en cas de deuxième « ou ultérieure condamnation contre la même Gérant ou le « même journal, dans le cours d'une année, les Cours et « Tribunaux peuvent prononcer la suspension du journal « pour un temps qui n'excédera pas deux mois, suivant la loi « du 18 juillet 1828 : cette suspension peut même être élevée « à quatre mois, si la condamnation a lieu pour crime. »

Enfin, et pour compléter le détail des lois sur la matière, mentionnons les Art⁵ 6 de la loi du 28 juin 1833, 2 de la loi du 16 février 1834 et 3 et 4 de la loi du 21 mai 1836 qui statuent, 1° Que dans le cas de récidive du délit d'ouverture ou tenue illégale d'une école primaire ou supérieure (V. au Code Art. 38.), « le délinquant sera condamné à un em- « prisonnement de 15 à 30 jours et à une amende de 100 à « 400 fr. » 2° Que dans le cas de récidive du délit d'exer- cice, même temporaire, de la profession de Crieur public (V. au Code Art. 25.), l'emprisonnement de 6 jours à 2 mois sera élevé « de 2 mois à 1 an. » 3° Que dans le cas de seconde ou ultérieure condamnation pour avis, annonce ou affiche de loteries prohibées (V. au Code Art. 65.), « l'emprisonne- « ment de 15 jours à 3 mois et l'amende de 1,000 à 2,000 « pourront être élevés au double. »

Ainsi et en résumé : d'après le Code pénal, il y a pour le juge, sauf application de l'art. 463, *obligation d'aggra-* *ver les peines* quand un crime est commis après une con- damnation pour crime et quand un délit est commis après une condamnation pour crime ou pour délit et cette aggra- vation consiste, en thèse, ou dans *l'augmentation d'un degré,* ou dans *l'élévation au maximum* et même *facultativement au* *double de la peine infligée.*

Les lois spéciales en matière de crimes, délits et con- traventions commis par la voie de la presse ou par tout autre moyen de publication, doivent être divisées en deux classes. — La première comprend celles qui s'occupent de cas particuliers et telles sont, 1° la loi du 21 octobre 1814 Art. 16 qui punit la récidive commise par l'imprimeur des délits de *Défaut de Déclaration avant l'impression* et de *Défaut de Dépôt avant la publication.* 2° La loi du 28 avril 1816, Art. 166, qui s'occupe de la récidive commise par les *Fabricans, Introducteurs, Distributeurs, Vendeurs et Col-* *porteurs de Cartes à jouer.* 3° La loi du 25 mars 1822 Art. 7, qui prévoit la récidive du délit *d'Infidélité ou de Mauvaise* *Foi dans le Compte-rendu par les journaux des débats législatifs* *et judiciaires.* 4° La loi du 28 juin 1833 Art. 6, qui parle de la récidive du délit *d'Ouverture ou Tenue d'une École primaire ou* *supérieure sans autorisation.* 5° La loi du 16 février 1834 Art. 2, qui statue sur la récidive du délit *d'Exercice, même tempo-* *raire, de la profession de Crieur.* 6° La loi du 21 mai 1836 Art⁵ 3 et 4, qui règle le cas de récidive du délit *d'Avis, Annon-* *ce ou Affiche de Loteries prohibées.* — Les lois spéciales de la deuxième classe posent des règles générales et il résulte de la combinaison des Art⁵ 25 de la loi du 17 mai 1819, 10 de celle du 9 juin 1819, 15 de celle du 18 juillet 1828 et 12 § 1 de celle du 9 septembre 1835, qu'en cas de récidive, *l'ag-* *gravation des peines est facultative seulement,* que les *amendes* *peuvent être élevées au quadruple* contre les *gérans* et qu'il est *permis* aux juges de prononcer une *suspension tempo-* *raire du journal ou écrit périodique* qui, dans le cours d'une année, a subi une première condamnation.

<h1 style="text-align:center">NOTE G.</h1>

Sur la Prescription, en matière de Crimes, Délits et Contraventions commis par les voies de Publication.

Le prévenu cité pour violation des lois de la presse, peut, en tout état de cause et même devant la Cour suprê- me, opposer la prescription de l'action qui lui est intentée, Par. Suppl. p. 480. mais pour connaître les cas dans les- quels cette exception doit être accueillie par les Tribu- naux répressifs, il faut distinguer entre l'action publique et l'action civile :

Quant à l'action publique :

L'art. 29 de la loi du 26 mai 1819 a dérogé d'une ma- nière générale aux règles qu'avaient établies les Art⁵ 637 et 638 du Code d'inst. crim. en vertu desquels la durée de prescription était fixée à dix ans révolus, lorsqu'il s'agis- sait d'un crime emportant une peine afflictive ou infa- mante et à trois ans pour les délits de nature à être punis correctionnellement.

Aux termes de cet article 29, « l'action publique contre « les crimes et délits commis par la voie de la Presse, ou « par tout autre moyen de publication, se prescrit par

« six mois révolus, à compter du fait de publication qui
« donne lieu à la poursuite. Pour faire courir cette pres-
« cription de six mois, la publication d'un écrit doit être
« précédée du dépôt et de la déclaration que l'éditeur
« entend le publier. S'il a été fait, dans cet intervalle,
« un acte de poursuite ou d'instruction, l'action publique
« ne se prescrit qu'après un an, à compter du dernier
« acte, à l'égard même des personnes qui ne seraient pas
« impliquées dans ces actes d'instruction ou de poursuite. »

Rappelons succinctement :

1° Qu'il n'y a, d'après cet article et en matière de Presse, aucune distinction à faire entre la prescription pour crime et la prescription pour délit.

2° Que si la publication d'un écrit n'a pas été précédée de la déclaration et du dépôt ordonnés par la loi du 21 octobre 1814, le prévenu reste dans le droit commun. Par. p. 339.

3° Que la prescription court du jour de la publication précédée de la déclaration ou du dépôt et non du jour de ce dépôt. Cass. 18 septembre 1829. Jurisp. crim. 1829, p. 342. Dall. 29-1-357.

4° Que le dépôt est distinct de la publication et que c'est aux Juges qu'il appartient de déterminer le fait de la publication. V. note 3 au mot Imprimeur Art. 54.

5° Qu'il importerait peu que les poursuites commencées par le ministère public eussent lieu devant un Juge incompétent. Cass. 18 janvier 1822. Sir. 22-1-200. Dall. Jurisp. gén. t. 11, p. 316. Pal. t. 24, p. 46. Motifs de cassation du 31 janvier 1833. Jurisp. crim. 1833, p. 48. Dall. 33-1-369. Sir. 33-1-559.

6° Que la prescription court par interruption de poursuites, même lorsqu'il y a arrêt de cassation portant renvoi devant une Cour royale pour statuer sur un appel. Cass. 22 septembre 1832. Pal. t. 1 de 1833, p. 457. Dall. 33-1-52. Sir. 33-1-351.

7° Que la réimpression et la vente d'un ouvrage condamné constituent un délit, dont la prescription ne court que du jour de cette vente. V. note 3 au mot Réimpression Article 97.

8° Enfin, que « dans le cas d'offense envers les Chambres, le délai pour la prescription ne court pas dans l'intervalle de leurs sessions. » Même Art. 29 de la loi du 26 mai § 4.

Une autre exception aux régles du Code d'instruction criminelle a été admise pour quelques délits imputables spécialement aux journaux ou écrits périodiques, par l'Article 13 de la loi du 9 juin 1819 : le législateur a, en effet, disposé dans cet article, que « les poursuites auxquelles peuvent donner lieu les délits de Compte-rendu par les journaux des séances secrètes des Chambres, ou de l'une d'elles sans autorisation et de Refus d'Insertion de l'extrait des jugemens ou arrêts contre eux intervenus (V. au Code ci-dessus les Articles 17 et 59 et la note 2 de l'Article 60.), seraient prescrites par le laps de trois mois, à compter de la contravention ou de l'interruption des poursuites, s'il y en avait eu de commencées en temps utile. »

Quant à l'action civile :

Le § dernier du même Article 29 de la loi du 26 mai 1819 dispose que « l'action civile ne se prescrit, dans tous les cas, que par la révolution de trois années, à compter du fait de la publication. »

Il ne sera pas hors de propos de noter :

1° Que la prescription de l'action publique ne met aucun obstacle à l'exercice de l'action civile, tant que cette dernière continue à subsister. Cass. 22 septembre 1822 ci-dessus.

2° Que cette prescription de trois ans court, quoique la déclaration et le dépôt n'aient pas été effectués. Par. suppl. p. 480.

3° Que la prescription de l'action civile est susceptible d'interruption, comme celle de l'action publique. Par. ibid. V. au surplus les annotations sur la prescription de l'action du ministère public.

FIN DES NOTES GÉNÉRALES.

TABLE.

E.

F.

P.

V.

NOTES GÉNÉRALES.

FIN.

ERRATA.

A la Table des Abréviations , *ajoutez* :

Pal. t. 1 de 1831 , p. 151 . . . . Journal du Palais , t. 1 de l'année 1831 , p. 151.

Chauv. et Hélie . . . . Chauveau et Hélie : Code pénal progressif.

Au Code ,

Page 5 , col. 6 , *effacez la ligne* 28 *et lisez* : Notes 2 de l'Art. 29 ; 4 de l'Art. 59 ; 2 de l'Art. 70.

Page 8 , col. 6 , *à la fin de la note* 3 *de l'Art.* 11 , *ajoutez* : V. note de l'Art. 86 ci-après.

Page 13 , col. 6 , *après la note* 2 , *ajoutez* : 2 bis. La Cour de cassation est compétente pour décider si un article contient les élémens constitutifs du Compte-rendu d'une audience. Motif de cassation du 12 mai 1837. Gaz. des Trib. du 14 juin 1837 , n° 3669. V. note 4 de l'Art. 20 et note C , p. 84.

Page 14 , col. 6 , ligne 25 , *au lieu de* Art. 21 , note 28 , *lisez* : Art. 21 note 26.

——— ligne 26 , *après* 37 note 11 et suiv. , *ajoutez* : 50 note 10 ; et *après* 57 note 3 , *ajoutez* : 62 note 11.

Page 15 , col. 6 , *après la note* 2 de l'Art. 20 , *ajoutez* : 3. Les Tribunaux ne peuvent se dispenser de prononcer les peines portées par la loi contre le délit de Compte-rendu des procès pour outrages , etc. , par des motifs pris en dehors de la loi , tels que le besoin qu'éprouvait le prévenu de publier ses réflexions et explications dans l'intérêt de sa réputation , et l'initiative prise de ce Compte-rendu par d'autres journaux de la localité. Cass. 12 mai 1837. Gaz. des Trib. du 14 juin 1837 , n° 3669. Vid. notes 10 de l'Art. 6 ; 4 de l'Art. 59 ; 2 de l'Art. 70.

4° Il appartient à la Cour de cassation d'examiner si les caractères constitutifs du Compte-rendu existent dans les articles déférés à la justice et les exceptions qui pourraient être opposées à la poursuite , soit dans le cas où le caractère d'injures , d'outrages ou d'offenses et de diffamation serait contesté , soit dans le cas où la preuve des faits diffamatoires serait admissible. Cass. 12 mai 1837 , ci-dessus. V. note 2 bis de l'Art. 18 et note C , page 84.

Page 17 , col. 6 , *effacez les lignes* 46 , 47 *et* 48 , *remplacez-les par les mots* : application au cas de reproduction d'un article de journal Cass. 29 octobre 1830. Sir. 31-1-368. Jurisp. crim. 1831 , p. 109. —— Il faut cependant que le numéro du journal contenant l'article reproduit ait été déposé , conformément à l'ordonnance du 9 janvier 1828. (V. ci-dessus note 4.) Tribunal de Paris du 13 juillet 1836. Pal. t. 1 de 1837 , p. 314. Néanmoins le journal qui reproduirait textuellement les articles d'un autre journal , notamment les articles de fonds , politiques ou littéraires , devrait être condamné aux dommages-intérêts que le préjudice aurait occasionnés. Cass. 25 novem. 1836. Pal. t. 1 de 1837 , p. 314.

Page 18 , col. 6 , ligne 1 , *après* 2-13 , *ajoutez* : Paris , 24 mai 1837. Gaz. des Trib. du 26 , n° 3653.

Page 19 , col. 6 , *effacez la ligne* 28 , *et remplacez-la par les mots* V. Art. 38 note 10 ; 42 note 4 ; 52 note 11 ; 53 note 2 ; 62 note 10 ; 70 note 2 ; 81 note 3.

Page 26 , col. 6 , ligne 33 , *au lieu de* notes 5 et 6 , *lisez* : notes 5 , 6 et 7.

——— ligne 43 , *ajoutez* : Paris , 4 mars 1837. Pal. t. 1 de 1837 , p. 225.

Page 27 , col. 2 , ligne 6 , *au lieu de* autorités et administrations publiques , *lisez* : autorités ou administrations publiques.

Page 27 , col. 3 , in fine , *ajoutez* : Cass. 29 avril 1837. Jurisp. crim. 1837 , p. 106. Motifs de cassation 12 mai 1837. Gaz. des Trib. du 14 juin , n° 3669.

Page 29 , col. 6 , ligne 28 , *au lieu de* Art. 77 , *lisez* : Art. 76.

——— ligne 42 , *au lieu de* Cass. 28 avril 1829 , *lisez* : 28 août 1829.

Page 31 , col. 6 , dernière ligne , *après* 10 , *ajoutez* : 70 note 2.

Page 34 , col. 6 , dernière ligne , *ajoutez* : 3 de l'Art. 20 ; 2 de l'Art. 70.

Page 38 , col. 6 , *effacez la ligne* 18 , *et remplacez-la par les mots* : V. Art. 31 note 1 ; 33 note 3 ; 101 note 2 ; 102 note 2.

Page 43 , col. 6 , ligne 49 , *après* 62 note 10 , *ajoutez* : 70 note 2.

Page 54 , col. 6 , ligne 16 , *après* notes 10 de l'Art. 6 , *ajoutez* : 3 de l'Art. 20.

Page 57 , col. 6 , lignes 46 et 47 , *au lieu de* Pal. t. de 1828 , *lisez* : Pal. t. 1 de 1828.

Page 72 , col. 3 , ligne 10 , *ajoutez* : 2 jugemens du Tribunal de Béthune , du 28 juin 1837. Gaz. des Trib. du 1 juillet , n° 3684.

Aux Notes Générales ,

Page 84 , col. 2 , ligne 5 , *ajoutez* : V. notes 2 bis de l'Art. 18 et 4 de l'Art. 20 au Code ci-dessus.